大学英语翻译课程教学模式创新探究

张 娥 崔艳波 刘伟伟 著

吉林出版集团股份有限公司
全国百佳图书出版单位

图书在版编目（CIP）数据

大学英语翻译课程教学模式创新探究 / 张娥，崔艳波，刘伟伟著. -- 长春：吉林出版集团股份有限公司，2022.8

ISBN 978-7-5731-1821-9

Ⅰ. ①大… Ⅱ. ①张… ②崔… ③刘… Ⅲ. ①英语－翻译－教学研究－高等学校 Ⅳ. ①H315.9

中国版本图书馆 CIP 数据核字（2022）第 136901 号

大学英语翻译课程教学模式创新探究
DAXUE YINGYU FANYI KECHENG JIAOXUE MOSHI CHUANGXIN TANJIU

著　者　张　娥　崔艳波　刘伟伟
出 版 人　吴　强
责任编辑　蔡宏浩
装帧设计　万典文化
开　本　787 mm × 1092 mm　1/6
印　张　9
字　数　186 千字
版　次　2022 年 8 月第 1 版
印　次　2022 年 8 月第 1 次印刷
出　版　吉林出版集团股份有限公司
发　行　吉林音像出版社有限责任公司
　　　　（吉林省长春市南关区福祉大路 5788 号）
电　话　0431-81629667
印　刷　长春市华远印务有限公司

ISBN 978-7-5731-1821-9　　定　价 50.00 元

如发现印装质量问题，影响阅读，请与出版社联系调换。

前　言

大学英语翻译课程的设立不仅是培养优秀翻译人才的重要途径，而且对于大学英语教学水平的提高也有着不可替代的重要意义。在国际合作与交流日益频繁的今天，英语翻译教学的重要性逐渐凸显出来，各高校也越来越重视英语翻译教学。但从目前的教学现状分析来看，大学英语翻译课程的教学模式仍然有待进一步的完善与提高，因此，如何改善大学英语翻译教学的方式方法，成为大学英语教学改革中不可忽视的重要课题。

伴随着全球化趋势的日益加快，我国外交领域的发展速度也越来越迅猛，这催生了我国翻译产业的蓬勃发展，促使社会发展需要更多优秀的翻译人才。所以，我国高等院校应当不断总结实践经验、借鉴精华，改革与完善英语翻译教学模式，不断地提高教学水平，为社会发展培养优质的翻译人才。

本书共六章，对大学英语英语翻译课程教学的概念、难点问题的相关理论以及教学设计的内容进行深入探讨，提供大学英语翻译课程教学模式的相关理论以及相关内容，力求让读者对书中的理论和实践进行学习、比较和深入研究，引发读者对其中有价值的问题作出反思，提高教师教学设计、案例撰写和教学研究的能力。同时本书对大学英语翻译课程教学模式的实施、ESP理论下大学英语翻译课程教学模式以及隐喻思维能力下的大学英语翻译课程教学模式进行了深入分析，让读者对大学英语翻译课程教学有了新的认识。而作为教师，需要认真探索能够激发学生兴趣、提高学习积极性和主动性的教学方法，使课堂教学效率不断提高，并有效改善教学质量。

为了提升本书的学术性与严谨性，在撰写过程中笔者参阅了大量的文献资料，引用了诸多专家学者的研究成果，因篇幅有限不能一一列举，在此一并表示最诚挚的感谢。由于时间仓促，加之笔者水平有限，在撰写过程中难免出现不足的地方，希望各位读者不吝赐教，提出宝贵的意见，以便笔者在今后的学习中加以改进。

目 录

第一章 大学英语翻译概述 ·· 1
- 第一节 英语翻译的定义与分类 ·· 1
- 第二节 英语翻译的功能与作用 ·· 5
- 第三节 英语翻译教学的原则与方法 ·· 11
- 第四节 英语翻译的准备与过程 ·· 17
- 第五节 英语翻译教学的实效性与艺术性 ·· 19

第二章 大学英语翻译的相关因素 ··· 22
- 第一节 文化与翻译 ·· 22
- 第二节 逻辑与翻译 ·· 24
- 第三节 修辞与翻译 ·· 25
- 第四节 风格与翻译 ·· 28

第三章 大学英语翻译课程教学中几种关系的处理 ························ 30
- 第一节 思维与能力 ·· 30
- 第二节 教师与学生 ·· 35
- 第三节 知识与能力 ·· 39
- 第四节 测试与教学 ·· 46

第四章 大学英语翻译课程教学模式的发展 ····································· 50
- 第一节 国外大学英语翻译教学模式 ·· 50
- 第二节 以学生为中心的英语翻译教学 ·· 58
- 第三节 翻译教学中应注意的环节 ·· 61
- 第四节 翻译教学中实践应用 ·· 63

第五章　大学英语翻译课程教学模式的实施 …… 74
第一节　大学英语词汇翻译教学模式 …… 74
第二节　大学英语段落翻译教学模式 …… 85
第三节　大学英语语法翻译教学模式 …… 89
第四节　大学英语语篇翻译教学模式 …… 94
第五节　大学英语文体翻译教学模式 …… 106

第六章　ESP 理论下大学英语翻译课程教学模式 …… 117
第一节　ESP 与大学英语翻译教学概述 …… 117
第二节　ESP 理论下大学英语翻译教学策略 …… 119
第三节　ESP 理论下的大学英语翻译教材建设 …… 131

参考文献 …… 137

第一章 大学英语翻译概述

第一节 英语翻译的定义与分类

一、翻译的概念

翻译是在准确、通顺的基础上，把一种语言信息转变成另一种语言信息的行为。同时，它也是将一种相对陌生的表达方式，转换成相对熟悉的表达方式的过程。其内容有语言、文字、图形、符号的翻译。

"翻"是指对交谈中的两种语言进行即时的、一句对一句的转换，即先把一句甲语转换为一句乙语，然后把一句乙语转换为一句甲语。这是一种轮流的、交替的语言或信息转换。"译"是指单向陈述，即说者只说不问，听者只听不答，中间为双语人士，只为说者做语言转换。

这个过程从逻辑上可以分为两个阶段：第一，从原语言中译码含义；第二，把信息重新编码成目标语言。这两步都要求翻译人员熟练掌握语言语义学的知识以及对语言使用者文化的了解。除了要保留原有的意思外，一个好的翻译，对于目标语言的使用者来说，应该能像是以母语说或写得那般流畅，并要符合译入语的习惯（除非是在特殊情况下，演说者并不打算像一个本语言使用者那样说话，如在戏剧中）。

翻译有口译、笔译、机译、同声传译、影视译配、网站汉化、图书翻译等形式。随着IT技术、通信技术的发展和成熟，最后又诞生了真人服务的"电话翻译"，形式越来越多，服务也越来越便捷。从翻译的物质形态来说，它表现为各类符号系统的选择组合，具体可分为四类：

1. 有声语言符号，即自然语言的口头语言，其表现形式为电话通信、内外谈判和接待外宾等。

2. 无声语言符号，包括文字符号和图像符号，其表现形式为谈判决议、社交书信、电文、通信及各种文学作品等印刷品。

3. 有声非语言符号，即传播过程中所谓的有声而不分音节的"类语言"符号，其常见方式为，说话时的特殊重读、语调变化、笑声和掌声。这类符号无具体的音节可分，语义也不是固定不变的，其信息是在一定的语言环境中得以传播的，比如笑声可能负载着正信息，也可能负载着负信息，又如掌声可以传播欢迎、赞成、高兴等信息，也可以传递一种礼貌的否定等。

4. 无声非语言符号，即各种人体语言符号，表现为人的动作、表情和服饰等无声伴随的语言符号，这类符号具有鲜明的民族文化性。例如，人的有些动作，在不同的民族文化中所表示的语义信息完全不同，不仅如此，它还能强化有声语言的传播效果。在交谈时，如果伴有适当的人体语言，会明显增强口头语言的表达效果。

这四大类符号既可以表达翻译的原码，也可以表达翻译出的译码，它们既可以单独作为原码或译码的物质载体，也可以由其中两种、三种、四种共同组成译码或原码的载体。

从翻译的程序上看，这实际包括理解、转换、表达三个环节。理解是分析原码，准确地掌握原码所表达的信息；转换是运用多种方法，如口译或笔译的形式，对各类符号系统的选择、组合、引申、浓缩等翻译技巧的运用等，将原码所表达的信息转换成译码中的等值信息；表达是用一种新的语言系统进行准确地表达。

上文的诸多翻译形式可以归纳为一点，即翻译实际上是一种特殊形式的信息传播。整个翻译活动实际上表现为一种社会信息的传递，表现为传播者、传播渠道、接受者之间的一系列互动关系。与普通传播过程不同的是，翻译是在两种文化之间进行的，操纵者所选择的符号不再是原来的符号系统，而是产生了文化换码，但其原理与普通传播相同。

二、翻译的内涵

1. 口译（interpretation）或进行口译的人（interpreter）。口译又称口语翻译，是一种职业。
2. 笔译（translation）或进行笔译的人（translator）。
3. 法律用语。

由于翻译有直译、音译、意译，而且同一种方式可能会产生多种译义，以何种为准关系到如何保护驰名商标以及他人的合法权益。可以从以下几个方面考察：

第一，驰名商标是否具有明确含义，并且与汉字形成一一对应的关系。

第二，驰名商标的音译是否是习惯的。

第三，翻译方式是否已为公众，尤其是市场所认可。

三、翻译的分类

（一）人工翻译

1. 根据译者翻译时所采取的文化姿态，分为归化翻译和异化翻译。归化翻译是指把在原语文化语境中自然适宜的成分翻译成在译入语文化语境中自然适宜的成分，使得译文读者能够立即理解，即意译。而异化翻译是直接按照原语文化语境的适宜性翻译，即直译。

2. 根据翻译作品在译入语文化中所预期的作用，分为工具性翻译和文献性翻译。

3. 根据翻译所涉及的语言的形式与意义，分为语义翻译和交际翻译。语义翻译在译入语语义和句法结构允许的条件下，尽可能准确地再现原作上下文的意义。交际翻译追求译文对译文读者产生的效果尽量等同于原作对原文读者产生的效果。

4. 根据译者对原文和译文进行比较与观察的角度，分为文学翻译和语言学翻译。文学翻译寻求译文与原文之间文学功能的对等，其理论往往主张在不可能复制原文文学表现手法的情况下，译文只能更美而不能逊色，缺点是不重视语言结构之间的比较和关系问题。语言学翻译寻求两者之间的系统转换规律，主张把语言学研究的成果用于翻译，同时通过翻译实践促进语言学的发展。

5. 根据翻译目的与原语在语言形式上的关系，分为直译与意译。

6. 根据翻译媒介分为口译、笔译、视译、同声传译等。

（二）机译

1947年，美国数学家、工程师沃伦·韦弗与英国物理学家、工程师安德鲁·布思提出了以机器进行翻译（简称"机译"）的设想，机译从此步入历史舞台，并走过了一条曲折而漫长的发展道路。此后70多年来，机译成了国际学界、商界甚至军界共同角逐的必争之地。

机译是涉及语言学、数学、计算机科学和人工智能等多种学科和技术的综合性课题，被列为21世纪世界十大科技难题。与此同时，机译技术也拥有巨大的应用需求。从20世纪80年代中期开始，基于语料和多引擎机译方法的广泛运用，机译系统的性能和效率有了明显提高，各式各样的翻译软件如雨后春笋般问世，而互联网的普遍应用，则使在线翻译成了当今机译的重头戏。机译分为文字机译和语音机译。在文字机译方面，谷歌目前处于领先地位。在语音机译方面，谷歌也处于领先地位。机译消除了不同文字和语言间的隔阂，堪称高科技造福人类之举。但机译的质量长期以来一直是个问题，尤其是译文质量，离理想目标仍相差甚远。中国数学家、语言学家周海中教授认为，在人类尚未明了大脑是如何进行语言的模糊识别和逻辑判断的情况下，机译要想达到"信、达、雅"的程度是不可能的。这一观点恐怕道出了制约译文质量的瓶颈所在。

四、语义翻译与交际翻译

语义翻译和交际翻译是纽马克翻译理论中最重要的组成部分。语义翻译与交际翻译相辅相成，两者交替使用是最理想的翻译方法。

（一）对纽马克的简要概述

纽马克是英国著名的翻译理论家和翻译教育家，毕生从事英德、英法互译教学，对翻译理论颇有研究。他将跨文化交际理论和现代语言学的研究成果，如格语法、功能语法、符号学和交际理论运用到翻译研究中，认为翻译既是科学，又是艺术和技能，并提出了著名的"语义翻译"和"交际翻译"，这两个概念的提出，扩展了传统的直译和意译的概念，为翻译研究指出了新的思路和方向。

（二）语义翻译与交际翻译

1. 语义翻译与交际翻译的定义

语义翻译则指在译入语语义和句法结果允许的前提下，尽可能准确地再现原文上下文意义。

2. 语义翻译与交际翻译的区别

（1）语义翻译较客观，讲究准确性，屈从原语文化和原作者，翻译原文的语义只在原文的内涵意义构成理解的最大障碍时才加以解释。而交际翻译较主观，只注重译文读者的反应，使原语屈从译语和译语文化，不给读者留下任何疑点与晦涩难懂之处。

（2）在形式上，语义翻译使译文与原文的形式更为接近，并保留了原文的声音效果；交际翻译则是重新组织句法，运用更为常见的搭配和词汇，使译文流畅地道，简明易懂。

（3）当信息的内容与效果发生矛盾时，语义翻译重内容而不重效果，交际翻译则重效果轻内容。

（4）语义翻译比交际翻译复杂精细，较笨拙晦涩，重在再现原文作者的思维过程，而不是他的意图，倾向于过译；交际翻译则更通顺、简朴、清晰、直接，更合乎译语习惯，采用与原文的语域一致的语域，倾向于欠译。

（5）交际翻译的译文通常比语义翻译的译文长，因为后者没有帮助读者理解的多余的词汇。

（6）语义翻译是一门艺术，只能由一个人单独承担；交际翻译是一门技巧，有时可由多人承担。

3. 语义翻译与交际翻译的共同点

（1）两种翻译方法都是建立在认知翻译的基础之上的，是对认知翻译的修正和完善。

（2）如果原文信息带有普遍性，不带有文化特性，信息内容的重要性与表达信息的方式和手段同等重要，而译文读者的知识水平和兴趣又与原文读者相当，就可以同时采用语义翻译和交际翻译。

（3）在翻译中往往会出现这种情况：在同一篇作品中，有的部分需采取语义翻译，有的部分需采用交际翻译，二者相辅相成，互为补充。

（4）在保证等效的前提下，无论是翻译何种类型的文本，都最好采取逐词翻译的方法。纽马克认为这是唯一行之有效的方法，完全不必采取其他的近义词或同义词，更无须释义。

纽马克的语义翻译与交际翻译是两种不同而又相辅相成的翻译方法。正如纽马克指出的：在翻译中绝对只用交际法或语义法是不可能的。事实上，大部分情况下两种翻译法是交叉使用的。一个译者可能用其中的一种译法更多一些，即使同一个部分或句子也可能有些地方采用了交际法而其他地方采用了语义法。只有找到两种翻译方法的契合点，才能达到忠实有效的翻译效果。

第二节 英语翻译的功能与作用

一、学习英语翻译的意义

（一）翻译对中国现代化进程的影响

鸦片战争以来，传播西学，师夷长技，成为朝野之共识。魏源、王韬、李善兰、徐寿、华蘅芳、郑观应等人，是中国最早接受西方思想的知识分子，他们翻译西方书籍，传播西方的民主思想、政治体制。洋务派创办的江南机器制造局翻译馆译介出版了大量西方科技著作，在中国近代史上产生了不可低估的作用。

严复翻译的《天演论》于1897年12月在天津出版的《国闻汇编》刊出。这是中国近现代翻译史上具有划时代意义的一个事件，它的意义分为两个方面：第一，书中介绍的物竞天择和优胜劣汰的思想，使当时的中国知识界如获至宝，产生了巨大影响；第二，严复提出的"信、达、雅"翻译三原则，被中国翻译界长期奉为圭臬。

在严复翻译《天演论》同时，林舒开始与通晓外国语言的中国学者合作，将西方小说介绍给中国读者。林译小说不仅影响了鲁迅、郭沫若等一大批人，形成了文学现象，更是一次史无前例的翻译实践。

严复和林舒是开创中国近代翻译的代表人物。之后，有更多的中国知识分子加入翻译事业中来，涌现了一批有影响力的翻译家。正是一大批现代学者的翻译，使得中国在20世纪早期与世界接轨，中国的现代农业、现代工业、现代科学、现代教育、现代文学艺术等，都在这个时期产生。中国的现代化几经曲折之后，终于在中华人民共和国成立之后，尤其是在改革开放之后，结出累累硕果。

（二）翻译联通中国和世界

全国翻译工作座谈会暨中国翻译协会成立30周年纪念大会将"翻译文化终生成就奖"授予唐笙、潘汉典、文洁若、任溶溶四位资深翻译家。该奖曾授予季羡林、杨宪益、沙博理、草婴、屠岸、许渊冲、李士俊、高莽、林戊荪、江枫、李文俊11位翻译家和文化学者。其中，杨宪益、沙博理和许渊冲的翻译主要是让世界了解中国。杨宪益和他的英国妻子戴乃迭长期从事将中国文学作品翻译成英文介绍给外国读者：他首次将《史记》介绍给西方世界；他翻译的《鲁迅选集》，一直是国外大学和文化机构研究鲁迅的读本；他与夫人合作翻译了《红楼梦》，相对于1970年英国人翻译的版本，保留了中国文化的原汁原味。沙博理是中国籍美国人，翻译过20多种中国文学作品。许渊冲主要从事将中国诗词翻译成英文和法文的工作。此次大会的两次颁奖，反映了翻译在联通中国和世界中，"引进来"与"走出去"工作的基本比例。此次获奖的四位翻译，唐笙是中国同声翻译的前辈，主要从事让世界了解中国的工作，另外三位从事的则是让中国了解世界的翻译工作。

当然，现在的翻译早已不是少数精英学者所从事的工作。很多国外的政治、经济、社会、思想、文学、生活类图书，出版发行不久就可以看到中文译本。有很多让中国了解世界的热心人士，无偿参与翻译，积极将外国的科技、文化、教育引入中国。

与此同时，让世界了解中国，这部分工作早已进行，并取得了很大成就。1949年后，中国创办了《北京周刊》《中国建设》《中国妇女》《中国文学》《人民中国》《人民画报》等刊物，向国外读者介绍中国的方方面面。英文《中国日报》于1981年创办。英文《上海日报》于1999年创办。中国中央电视台的国际频道和英文频道以及其他语言的频道也先后开通。互联网成为新兴舆论渠道之后，新华社和人民日报社也建立了英文网站。

二、翻译教学的功能

翻译是一门了不起的艺术，一门永无止境的艺术，是语言艺术的再创作。事实上，翻译是用一种语言形式将另外一种语言形式里的内容重新表达出来的语言实践活动。

（一）翻译理论与翻译实践

翻译作为一种跨语际的交流活动，既是语言转换的过程，同时也是文化的移植和传播过程。翻译研究工作是基于一定的翻译理论之上的，需要掌握好翻译理论的基础知识，了解中国和西方翻译简史，熟知一些翻译名家以及他们提出的翻译观的重要性和必要性。例如，严复的"信、达、雅"，其中"雅"应该理解为"保持原作风格"，即原文雅，译文也就雅，原文不雅，译文也就不雅；傅雷的"重神似而不重形似"；钱钟书的"化境"等。此外，还有许渊冲等人都提出了自己的翻译观。勒菲弗尔的三因素论，韦努蒂的异化、归化论等，都是在考察了大量的翻译实践，从活生生的翻译事实中"发掘"出来的。

总之，翻译工作者必须认识到翻译理论指导翻译实践，翻译实践又有助于构建翻译理论的重要性，应该抛弃"理论无用论"的错误观念，要用辩证法的观点对待翻译理论和翻译实践，克服翻译中的经验论、教条主义和片面性。

(二) 翻译策略和翻译方法的选择

两大翻译策略和具体的翻译方法的学习把握也是重中之重。异化和归化是两大基本翻译策略。所谓异化，是指保存原语的异国情调，主张译文应该以原语或原文作者为归宿，所以要求译者采取相应于作者所使用的原语表达方式来传达原文的内容；所谓归化，是指用译语文化中惯用的表达方式来对原语进行转换，认为译文应该以目的语或译文读者为归宿，要求译者采取目的语读者习惯的目的语表达方式来传达原文的内容。至于在翻译过程中，译者究竟应该采用何种翻译策略，是归化法还是异化法，到目前为止翻译界仍然还有争论。所以，译者在将国外文学作品翻译成汉语时，应该更多地采用异化法，因为国内有很多的人，尤其是年轻读者善于并急于接受、学习和吸收国外的文化，的确存在着一群读者乐于融入其中；相反，我国文学作品进行再创作时并且读者是外国朋友，想必归化法是首选策略，因为十分了解中国文化和语言表达的外国读者毕竟很少，如果不顾读者的接受能力和忽视目的语的习惯表达法，大量地采用异化法，结果只能是功亏一篑，得不偿失。

(三) 翻译工作具备的条件

不管是翻译专业学习者，还是从事翻译工作的人，都必须具备一定的条件。

1. 研习态度要端正，在掌握了一定的翻译理论、方法、技巧的同时，需不断提高自己的汉语和英语水平。因为汉语表达能力的高低直接影响着作品的翻译质量。平时多做汉语名著的阅读，仔细体会地道的汉语表达方法；同时，摘抄英语原著中的佳句以便阅读和学习。

2. 大大拓宽自己的知识面。通过大量的阅读，对有关国家的历史、地理、政治、经济、文化、风俗等方面，都应有较多的了解。同时，对英语中常见的典故、习语、谚语等表达方法也要注意积累。

3. 积极培养自觉的翻译意识。不能仅仅依靠书本上的一些翻译理论及技巧，事实上，更多的工作是在生活中完成的。要善于发现生活中的点点滴滴，如商店、公司的中英文招牌，产品的中英文介绍，以及一些英汉对照的报纸杂志等。

三、英语翻译的作用

随着社会的飞速发展，各国之间文化交流不断加强，文学作品的翻译和复译工作达到了新的高潮；文学作品是特定时期社会的反映，它以语言为工具，形象、艺术地表达作者对人生以及社会的认识和情感，从而给读者以愉悦、引起读者共鸣的艺术享受。文学作品不仅是语言的集合,也是文化的浓缩,它承载着一个民族独特的文化,文化信息翻译的好坏决定作品翻译的成功与否。翻译目的论强调译本的预期目的决定翻译方法和策略;文学作品的翻译除了传达原作的意义和风格外,还要以实现文化交流为目的。

(一) 翻译目的论

翻译目的论(Skopos Theory)是由德国功能派代表弗米尔(Hans Vermeer)在20世纪70年代末期创立的翻译理论模式,它彻底突破了以原文本为中心的结构主义等值翻译理论,为功能派翻译理论奠定了重要的基础。弗米尔强调,翻译是一种交际行为,翻译行为所要达到的目的决定整个翻译过程,即"翻译的目的决定翻译手段",翻译策略必须根据翻译目的来决定。

Skopos意为"目的、动机、功能",在目的论中,指"译文目的(或功能)"。该词在"目的论"中有三种解释:译者目的;译文交际目的;使用某种特殊翻译手段所要达到的目的。通常情况下,"目的"指的是译文的交际目的。弗米尔认为,翻译是为了满足人类需要的一种目的性行为。诺德(Christiane Nord)作为第二代目的论的代表,继承和发展了弗米尔的理论,他也认为翻译是一种交际行为,翻译行为所要达到的目的决定整个翻译过程,即"目的决定手段"。

目的论共有三个原则——目的性原则、连贯性原则和忠实性原则,首要原则是目的性原则。目的性原则是指每个文本的产生都服从于特定的目的,因此译文在译入语的环境中应达成原文本在原语言环境中欲达成的目的,即翻译行为所要达到的目的决定整个翻译行为的过程和翻译所采取的手段。弗米尔认为,忠实性原则应从属于连贯性原则,同时,两者又都从属于"目的性原则"。

从目的论角度谈翻译,是指译文所要达成的目的。如前所述,文学作品翻译的目的在于不但再现原作的意义和风格,还要传递文化信息,换而言之,是以文化交流为目的,也即在不同语际传达文化信息。由"目的论"可知,翻译是一种有目的的行为活动,翻译目的贯穿翻译过程的始终,那么,要使文学作品的翻译以文化交流为目的,译者就要对原语文化进行深刻的理解和分析。文化的重要性不言而喻,语言是文化的一部分,翻译语言就是翻译文化,文化包罗万象,文化因素的成功翻译决定了译文的交际目的,由此看来,译者肩上的责任重之又重,正如王佐良所说:"翻译者必须是一个真正意义的文化人。"

(二) 文化翻译手段——归化和异化

德国著名的语言学家、翻译理论家施莱尔马赫(Schleiermacher)于1813年在其论文《论翻译的方法》中指出两种翻译文化的途径:"尽可能地让作者安居不动,而引导读者去接近作者"和"尽可能让读者安居不动,而引导作者去接近读者"。此后,美国著名翻译理论学家劳伦斯·韦努蒂(Lawrence Venuti)于1995年在《译者的隐身》(*The*

Translator's Invisibility) 中提出了"归化法"（domestication）和"异化法"（foreignization）。归化是指把原语本土化，以译文读者为归宿，采取目标语读者所习惯的表达方式来传达原文的内容，简而言之就是文化的诠释。归化翻译要求译者向目的语的读者靠拢。归化翻译有助于读者更好地理解译文，增强译文的可读性和欣赏性。异化是指吸纳英语表达方式，使译者向作者靠拢，采取原语作者所使用的原语表达方式传达原文的内容，即以原语文化为归宿，即文化的保留；异化是为了考虑民族文化的差异性，保存和反映异域民族特征和语言风格特色，为译文读者保留异国情调。

文化的相似性及同一性为归化法提供了客观依据，文化差异或空缺现象又为异化策略提供了前提条件，可见归化和异化是如何处理原语和目的语（译语）的文化差异的。从翻译的目的来看，两者不是互相矛盾、互不相容的，它们的使用也不是绝对的，译者应根据实际情况灵活使用其中之一或两种结合使用。

四、重视翻译教学，提高学生翻译能力

翻译是人类在交流思想过程中使用不同语言沟通的桥梁。翻译是把一种语言（原语）的信息用另一种语言（译语）表达出来，使译文读者能得到原作者所表达的思想与原文作者大致相同的感受。翻译要求译语要从文化的角度准确地再现原语所要传达的意义、方式及风格，译者不但要有双语能力，而且还要具有双文化乃至多文化的知识，特别是要对两种语言的民族心理意识、文化形成过程、历史习俗传统、宗教文化以及地域风貌特性等一系列互变因素均有一定的了解。

（一）文化与翻译的关系

一个民族既有自己的语言，又有自己的文化。语言像一面镜子，反映着民族的全部文化；又像一个窗口，揭示着该文化的一切内容。而文化又是语言赖以生存的根基，是语言新陈代谢的生命源泉。语言和文化相互依赖、相互影响。语言是文化的载体，同时又是文化的重要组成部分，是文化信息的代码。语言作为一种认识世界的工具，反映了该语言社团认知世界的方法，记录了该民族历史、文化发展的轨迹，集中体现着该文化传统的价值取向、宗教信仰、风俗习惯等文化信息。语言与文化是一个互为依存、密不可分的整体。没有语言，文化就不可能存在；语言也只有能反映文化才有意义。因为翻译首先涉及的是意义，而词只有与文化相关联才有意义，这就要求译者在进行语言处理时，具有深刻的文化意识。翻译是将一种文化环境里产生的作品移植到另一种文化环境里，因此是一种跨文化的交际活动。翻译在某种程度上讲也是一个思维再创造的过程。在翻译过程中，译者必须遵循一定的标准与原则，"忠实和通顺"是两项基本要求。译者首先要忠实于原作的内容，也就是说，翻译的过程主要是传达别人的意思，而不是自己进行创作。只是文字翻译更注重形式上的忠实，而文化翻译则致力于对其文化内涵的准确传达甚至基于本土文化视

角的一种重新解释,准确地理解原文是翻译好一篇文章的关键。同时译文要流畅、明了、易懂。总之,任何翻译都离不开文化的传达。

(二) 语言是文化的载体译者必须具备文化意识

德国语言学家洪堡特认为,语言是文化的载体,同时又是文化的重要组成部分,语言和文化是一个互为依存、密不可分的整体。语言是自我的表达,也是文化的反映。世界上没有哪一种语言能离开特定的文化,任何语言都充满了人类文化活动的痕迹,不仅体现了本民族的自然环境、历史渊源、风土人情、传统习惯,而且也透视着该民族的宗教信仰、文化心态、思维方式、价值观念。语言和文化相互作用,相互影响,理解语言必须了解文化,理解文化又必须了解语言。有时即便对某个成语典故的文化含义有所了解,但是如果在翻译中不能根据语境灵活处理,也有可能达不到"传真"的效果。

译者必须具有文化意识。译者要认识到翻译既是跨语言,又是跨文化的信息交流,而文化的差异跟语言的差异一样,可能成为交流的障碍。缺乏文化意识的译者,可能只顾到字面上的转换,而忽视了语言背后的文化问题,一心只想在汉语中寻找"地道"的对应词,最终导致了不应有的误译。

(三) 译者的文化意识

在某种意义上,语言的转换只是翻译的表层,而文化信息的传递才是翻译的实质。文化的差异跟语言的差异一样,可能成为交流的障碍。缺乏文化意识的译者,可能只顾到字面上的转换,而忽视了语言背后的文化问题。

在翻译过程中,译者仅仅具有语言对比意识是不够的,还必须具有敏锐的文化对比意识。译者应该充分考虑词语所包含的民族文化与语言个性,充分理解词语所蕴含的独特的文化意味,尽可能结合原文的文化背景,保持原文的语言风格、语言形式及艺术特色。翻译就是交际,译者的责任之一就是避免文化冲突。因为文化冲突会导致各种形式的误解,所以,译者在把一种文化移植到另一种文化中去时,要仔细斟酌文化思想意识的内涵。作为"传播者"的译者,在跨文化交际中,他要消除隔阂,把原语文化的意义传递给目的语文化的读者。译文读者往往用自己的文化观念来理解译文的内容,所以译者应尽可能使原语文化所反映的世界接近目的语文化读者的世界。

因为语言反映文化,承载着丰厚的文化内涵,并受文化的制约,一旦语言进入交际,语言便承担着对文化内涵的理解和表达问题。这要求译者不但要有双语能力,而且还要具备相应双语文化的知识,要了解两种语言文化的民族心理意识、文化形成过程、历史习俗。翻译要将两个不同民族,甚至多个不同民族的文化结合起来,如果离开文化背景去翻译,那么便不可能达到两种语言的真正交流。

文化、语言、翻译三者之间的关系,指出了译者的文化意识对翻译的影响。作为一个译者，若想有好的翻译水平，必须具备文化意识，而且必须做到不断提高自己的文化意识，来帮助两个不同的民族进行深入的思想交流，促进各民族的共同繁荣发展。

第三节　英语翻译教学的原则与方法

一、英语翻译教学的原则

（一）以学生为中心原则

以学生为中心进行翻译教学是满足中国人才市场的需要，解决对外交流急需的翻译人才问题的重要途径。这一原则的提出主要基于建构主义理论的基本观点。建构主义理论认为，学习活动是以学生为中心的，而且是真实的，学习实际上是一种互动过程，在这个过程中，学生既不是学习系统中的独立个体，也不是机械被动地接受教师的传授，而是协作习得社会组织的语言和行为的过程。也就是说，学生学习翻译的过程并不只是从教师那里学习知识，还要通过从实践中积累经验，建构自己的专业知识，其中教师只是发挥着指导与协调的作用。翻译教学必须充分考虑学生的主观能动性、创造性和互动性，充分协调学习者、翻译教学和市场需求之间的关系，力求培养出对知识能够活学活用，并能顺应、满足社会需求的高素质的翻译人才。由于建构主义强调教学过程中的互动性，因此一方面师生之间以及学生之间要对知识积累过程中的具体问题进行协作与探讨，另一方面教师或学生要对学习过程中发现的问题进行及时反馈，以便有利于及时修改与完善课程设置。具体来说，以学生为中心的翻译教学要求教师做到以下几点：

1. **积极转换自身角色**

以学生的需要为翻译教学的方向，训练学生建立口译和笔译需要的知识系统和双语思维能力，授之以"渔"，而不是授之以"鱼"。也就是说，教师并不是学生获取知识的唯一源泉，教师的作用在于帮助学生学会学习，帮助学生学会解决学习过程中遇到的问题。教师要时刻意识到自身的角色，即教师是一个协调者与指导者，而不是知识的唯一传授者，更不是知识的权威。

2. **培养学生良好的发散性思维**

翻译活动具有一切实践活动所具有的创造性，因此，对于统一文本，特别是文学文体的语篇，不应要求学生的理解和翻译与教师的或参考译文的一模一样。要善于鼓励学生追求自己的风格，切勿"千人一面，千人一腔"，限制学生的思维。

3. **培养学生的团结合作精神**

当今社会是一个信息时代，翻译活动也越来越呈现出复杂性，这些因素使得翻译活动有时不能由一个人单独完成,而越来越成为相互合作的事业。为了培养学生互帮互助,团结合作的精神,在翻译教学中教师可有意选用一些长文章,将其分成几个部分,让一组的学生每人做一部分,但最后出来的完整文本在术语、专有名词、风格体例方面应该看起来是协调一致的。在这个过程中,学生们就不能自顾自地进行翻译,必须和小组的其他成员协商和讨论,以达到翻译要求。这样做有利于培养学生的团结协作精神、协调能力和共同解决问题的能力。

4. 灵活安排各项教学活动

(1) 课内外相互配合。翻译是一项实践活动,翻译教学的任何阶段也都不可忽视实践环节,翻译课程安排应以实践活动为主。当然,如果没有正确的理论指导,实践活动也就不能有效地进行。为了解决课堂时间有限和学生不太愿意太多地听教师讲解的问题,教师可以让学生自己阅读理论。开列阅读书单是一个有效的办法,例如教师可以开出翻译简史、翻译理论与技巧、中英语言与文化对比等方面书籍的书单,让学生在一定的时间内自学,或做读书报告等,使他们学会用普遍的原理来解决实际问题,在教师的指导下,再将实际问题与理论融会贯通。

(2) 有效利用生活环境。随着国际交往的不断深入,在许多大城市和风景名胜区都有英语(主要是英汉)的公示语、景点介绍等。让学生到这些地方去体会英汉语的不同表达,对培养他们的英汉对比能力很有帮助。此外,有不少公示语和景点介绍存在很多问题,教师可以适时地让学生进行纠错练习,并在实践中训练他们的翻译水平。

(3) 有效利用网络和媒体。网络和报纸、电视、收音机等媒体可以为学生提供丰富多彩且即时的源语文本材料和目标语平行文本材料,教师可以通过让学生在网络和媒体上寻找平行文本的方法,培养其解决翻译过程中遇到的表达问题的能力。同时,也可以让学生通过博客或邮件将自己的翻译练习进行"发表",发给教师和其他同学,教师和其他同学可以提出反馈意见,以增强师生互动和生生互动,营造更好的学习氛围。

(4) 开设讲座。学校和教师可以请有实践经验的翻译专家"现身说法",传授经验。课外开设专家讲座,一是可以让学生有学习的榜样,二是学生可以学习好的翻译方法和经验,三是学生可以借此了解翻译的前沿信息和实际情况,向做一个合格的译者的方向努力。

(二) 由浅入深,循序渐进原则

翻译活动应当本着由浅入深、循序渐进的规律,所选的语篇练习应该是先易后难。从题材来看,应该从学生最了解的入手;从篇章的内容来看,应该是从学生最熟悉的开始;从原文语言本身来看,应该是从浅显一点的渐渐到难一些的。这样由浅入深,学生们学习起来才会有信心,并逐渐培养起对翻译的兴趣与热爱。例如,从语言的角度讲,英语专业高年级的学生已完成语言基础学习任务,按理说语言运用能力是比较强的,但是刚开始学翻译的时候，对源语的理解和对译语的表达往往会显得捉襟见肘。如果一开始语言太难，必然会成为他们理解和翻译的障碍，也会影响他们继续学下去的兴趣。

（三）认知原则

根据建构主义的观点，学生在学习之前，其大脑并不是一张白纸，而是已经储存了一定的知识。也就是说，学生通常会在自己原有的这些知识的基础上来学习和接受新的知识，同时也会依据自己的认知特点以及自己已有的思维方式来采取不同于其他人的学习方法和策略。这就要求教师在翻译教学过程当中，应遵循认知原则，充分考虑学生的不同特点，并针对学生的特点设计出能够激发学生兴趣、调动学生积极性的活动模式，引发学生积极进行思考，培养学生自己的学习方法和策略，发展学生的翻译技能，使学生实现有效交际。

（四）系统原则

语言是一个庞大而完整的系统，其内部的各个成分和要素之间都是相互关联、密切联系的，并且有一定的规律可循。翻译教学也是如此，它是一个繁杂的系统工程，有着自身的规律和方法。因此，在翻译教学过程当中，教师应遵从系统的原则，根据翻译的本质、翻译教学的基本规律以及学生和社会的需求，制定系统而科学的课程标准，以培养学生的翻译技能，增强学生的英语能力，提高翻译教学的效率。

（五）速度与质量相结合原则

翻译教学的目的是培养学生的翻译能力，而这种能力不仅仅包括对翻译技巧的掌握、译文质量的保证，还具备较快的翻译速度。因为在实际翻译活动中，常常会有催稿很急的情况发生，如果学生的翻译速度太慢，可能会完不成翻译任务，因此，在翻译教学过程中，培养学生提高翻译速度是一个不可忽视的任务。

具体来说，教师在边讲边练的过程中，可以经常做课堂限时练习，比如英译汉练习的量可以先从每小时200个左右英文单词开始练习，以后逐渐增加到每小时250～300个英文单词甚至更多；英译汉可以从每小时150个汉字开始练，让学生在有限的时间内学会有效地安排时间，逐渐提高翻译的速度。除了课堂限时练习之外，课后练习也可以让学生自己尽量在规定的时间内完成练习任务。这样，久而久之，经过不断的训练，学生笔译的速度便会逐渐提高，速度意识也会逐渐加强。

（六）题材丰富原则

为了适应社会各方面对翻译人才的需求，翻译练习的材料应该多样化和系统化。不仅要有应用文体、广告文体、新闻文体，还要有法律文体、文学文体等。而每一种文体的练习也应该呈阶段性，即一种文体结束后才进行另一种文体的练习。此外，还要对每一种中英文文体的功能和特点进行介绍，以便让学生了解，并在练习中加以体现。每一种文体练习一段时间，直到学生能基本做到触类旁通。文体翻译练习不是单一进行的，可以将翻译中常见的问题与文体的练习结合起来。例如，有的翻译问题在这种文体中出现的多些，在另一种文体中，别的问题又会出现的多一些。将解决翻译问题与文体语篇练习结合起来会收到事半功倍的效果。

（七）精讲多练，重视过程原则

精讲多练原则具有两个方面的含义，即精讲和多练。

①翻译教学虽然是一种技能教学，而如果技能教学只是流于先灌输后练习，在教学中便很难取得好的效果，学生也会觉得枯燥无味。这就要求教师对技能的传授应该与学生的练习紧密结合起来，并且要在练习的基础上进行总结与提炼。例如，在练习之前，教师可以针对练习材料的内容举例简单介绍一些相关技巧，再让学生做练习。此外，学生做过的练习经教师批改之后，教师一定要对练习进行讲评。需要注意的是，这种讲评不是点评式的，而是在系统分析原文的基础上，整理出里面的知识点，针对学生练习中出现的问题进行总结，上升到理论。只有这样，技能才能真正为学生所掌握，技能训练也才落到了实处。也就是说，教师的讲评绝对不是简单地将参考译文发给学生就完事了，而要去启发和引导学生思考和总结。教师在选择练习材料的时候，要有所考虑和侧重。选材的过程是一个艰辛的过程，这需要教师有从事翻译的实际经验，能从纷繁复杂的材料中挑选出适合学生练习的材料，并且要能凸显一些问题。

②翻译教学既然作为一种技能教学，其重要目的是帮助学生掌握翻译的各种技能，从而提高翻译水平。而翻译技能的提高是在实践中一点点实现的，为了达到掌握技能的目的，学生必须进行一定量的练习，并在练习中去感受、思考，并想办法解决问题。只有通过不断地实践、思考和总结，再实践、再思考和再总结，学生分析问题和解决问题的能力才会不断提高，翻译能力和水平也才会不断提高。因此，对学生翻译过程的关注与帮助、启发、训练和鼓励他们解决理解、表达和审校过程中遇到的具体问题就是翻译教学的重点。这样培养出来的学生才会有学习能力和创造能力，为他们今后进入社会、走上工作岗位、独立解决翻译实际中的问题打下良好的基础。

（八）教书育人相结合原则

翻译教学不仅仅是技能的传授，还涉及丰富的人文和科技知识的传授与学习。但是，学生不会满足于教师干巴巴的道德说教和审美说教。因此，如果能将翻译技能教育和学生的人格提升并融入到学习之中，可获得一举两得的效果。对此，教师应该了解学生的心理、喜好和需要，在满足他们对知识的渴望的同时，也要满足他们精神上的需求。只有将知识技能的传授融入到他们自身的发展之中，他们才会乐于学习，在学习中健康地成长。因此，对翻译教学中的例句和练习的选择要有讲究、有品位。即使是所谓"令人头痛"的科技文章，也要选那些文笔稍微优美一些的；对文学作品，尽量选择那些对人生有启迪意义的、对情操有陶冶作用的。另外，练习材料的趣味性和时代性也应符合青年人求知、求新、求美的心理特征，因此在教材选编的时候，要坚持教材和练习材料的知识性、趣味性和审美效果相结合的原则。

（九）实践性原则

翻译教学的一个重要特征是实践性。因此，在条件允许的情况下，学校和教师应该为学生提供机会，让学生到社会上实践，例如到翻译公司体验一下实际的翻译过程。这一方面会为学生的学习增添动力，促进他们学习积极性的提高；另一方面还可以为学生走入社会、适应社会做一些认识上的准备，有利于他们毕业后更快地融入社会。总之，翻译教学绝不仅仅是技能培养课，它是一个融知识、技能、学习能力、人格塑造为一体的周密体系，这个体系绝不是封闭的，而是实践性很强的课程体系。

（十）关注文化原则

英语学习其本身就是一种跨文化交际活动，翻译学习更是如此，它要求学生必须了解不同语言国家的政治体制、经济模式、思维习惯、生活方式、风土人情、表达习惯等。所以，在翻译教学中，教师要时刻谨记这一原则，并将学生置于跨文化交际的语境之下，重点培养学生的跨文化信息转换的能力，使学生切实感受到只顾语言的对应，不考虑不同国家之间的文化的差异是难以达到交际目的的。

二、英语翻译教学的方法

（一）推理方法

所谓推理是从已知的或假设的事实中引出结论，它可以作为一个相对独立的思维活动出现，经常参与许多其他的认知活动。这里的推理并非译者凭空想象所做出的随意行为，而是文本结构的内在特征。翻译时，人们在看到文本的内容后，往往会根据已有的知识经验做出一系列推理，这些推理为译者提供了额外的信息，把文本中的所有内容联系起来，使人能充分理解每一个句子。因此，在翻译教学过程中，教师要有意识地介绍给学生一些常用的推理技巧，如利用逻辑词进行推理，根据作者的暗示进行推理，根据上下文进行推理等，以培养学生的推理能力。

(二) 图式方法

图式，即一些知识的片断，它以相对独立的形式保存在人的大脑记忆中，对言语的理解其实就是激活大脑中相应的知识片断的过程。人从生下来开始就在同外部世界接触的过程中开始认识周围的事物、情景和人，同时在头脑中形成不同的模式。围绕不同的事物和情景，这样的认知模式便形成了有序的知识系统。图式是人的头脑中关于外部世界的知识的组织形式，是人们赖以认识和理解周围事物的基础。如果在面对新的信息时，在我们的大脑中没有形成类似的图式，这时就会对理解产生负面的影响。因此，将"图式"引入翻译教学当中，其意义十分重大，这样可以成功地激发学生头脑中与文本相关的图式，使学生对原文有一个正确的理解。

在翻译时，教师可为学生提供一些需要激活图示才能正确理解的语言材料，然后要求学生根据这些材料进行翻译。同时，教师要帮助学生记忆语言的形式和功能，帮助学生调动相关的图式，以帮助他们修正和充实对事物的认知图式。

(三) 语境方法

语境，即言语环境，它既指言语的宏观环境，又指言语的微观环境。宏观语境是指话题、场合、对象等，它使意义固定化、确切化。微观语境是词的含义搭配和语义组合，它使意义定位在特定的义项上。在翻译的过程中，这两种言语环境都要考虑到，因为只有两者结合才能确定话语的含义。同时，译者不仅要依据自己的语言知识获取句子的意义，还要根据原文语境中的各类信息进行推理、思辨，获取原文作者想要表达的深层意图，进而确定相应的译文，准确地表达原文的意思。语境在翻译中起着至关重要的作用，翻译中的理解和表达都是在具体的语境中进行的，词语的选择、语义的理解、篇章结构的确定都离不开语境，可以说语境是正确翻译的基础。因此，在具体的教学过程中，教师要引导学生在理解原文的同时紧扣语境，反复推敲，以达到准确、传神地传达原文意义的目的。

(四) 猜词方法

概念能力是指在理解原文过程中将语言文字的零星信息升华为概念的能力，是原文材料的感知输入转化为最佳理解的全部过程。学生的概念能力在翻译中起重要作用。一个学生在词汇贫乏时，对词句、段落形不成概念；对关键词在原文中的含义不甚理解的情况下，得不到文字信息的反馈，就会陷入对内容的胡乱猜测。所以要指导学生使用猜词方法。具体来说，翻译中的猜词方法包含以下几种。

1. 根据词的构成猜测词义。这是比较常用的一种方法，它要求学生掌握一定的构词法知识，特别是词根、前缀、后缀的意义。

2. 根据意义上的联系猜测词义。句子的词语或上下文之间在意义上常常有一定的联系，根据这种联系可以猜测词义。

3. 利用信号词猜测词义。所谓信号词就是在上下文中起着纽带作用的词语。这些词语对猜测生词词义有时能起很大的作用。

4. 结合实例猜测词义。有时可以在下文中给出的例子对上文中提到的事物加以解释，可以结合例子中常用词猜测所要证明的事物中的生词词义。反之，也可以猜测例子中的生词含义。

第四节　英语翻译的准备与过程

翻译是运用两种语言的复杂过程，它包括正确理解原文和准确运用另一种语言再现原文的思想内容、感情、风格等。由于翻译工作的复杂性，适当的准备工作是不可缺少的。通过准备，可以使翻译顺利进展。

一、翻译的准备

翻译应该进行必要的准备，以利于翻译能一路顺风，善始善终。

正式动手翻译之前可以做的工作很多，主要精力应放在查询相关资料以便能对原作及其作者有一个大概的了解，同时为了保证质量和节省时间还应熟悉整个翻译过程可能使用的工具书和参考书。

（一）了解作者

对于作者，需要弄清楚他的简略生平、生活时代、政治态度、社会背景、创作意图、个人风格等。比如若要翻译一名作家的一篇小说，为了获得有关作者的一些基本信息，可以阅读作者自己的传记、回忆录，或者别人写的评传，或者研读文学史、百科全书、知识词典等。还可阅读用汉语解说的相同辞书，如：《中国大百科全书》，中国大百科全书出版社《辞海》，上海辞书出版社《辞海》（增补本），上海辞书出版社《简明不列颠百科全书》，中国大百科全书出版社《外国名作家传》，中国社会科学出版社《外国人名辞典》，上海辞书出版社《外国历史名人》。

（二）了解相关背景

知识与超语言知识背景知识是指与作品的创作、传播及与作品内容有关的知识；超语言知识按语言学的定义指交际行为的环境、文章描述的环境及交际的参加者等。两个概念的外延合起来大约涵盖了前辈翻译家说的"杂学"。

二、翻译的过程

翻译的过程是一个十分繁杂的心理过程，其工作重点是如何准确地理解原文思想，同时又恰当地表达原文意义。换言之，翻译的过程就是译者理解原文，并把这种理解恰当地传递给读者的过程。它由三个相互关联的环节组成，即理解、表达和校改。这三个环节是相互联系、往返反复的统一流程，彼此既不能分开隔断，又不能均衡齐观。

为了讲解方便，我们把翻译过程中的理解、表达、校改三个环节分别进行简略论述。

（一）理解

1. 翻译中理解的特点

第一，翻译中的理解有着鲜明的目的性，即以忠实表达原作的意义并尽可能再现原作的形式之美为目的，因此，它要求对作品的理解比一般的阅读中的理解更透彻、更细致。翻译的理解系统从宏观上看，要包括原作产生的社会、历史和文化背景；从微观上看，则要细致到词语的色彩、语音、甚至词形。从某种意义上来说，以翻译为目的的理解比以其他为目的的理解所面临的困难都要多。以消遣为目的的理解显然无须去分析作品的风格，更无须每个词都认识。即使以研究为目的的理解也无须面面俱到，而只是对所关注的内容（如美学价值、史学价值、科学价值、实用价值等）的理解精度要求高一些。

第二，以翻译为目的的理解采用的思维方式不同于一般的理解。一般的理解，其思维方式大都是单语思维，读汉语作品用汉语进行思维，读英语作品就用英语进行思维。以翻译为目的的理解采用的是双语思维方式，既用原语进行思维，又用译入语进行思维。原语与译入语在译者的大脑里交替出现，正确的理解也逐步向忠实的表达推进。

第三，以翻译为目的的理解——表达过程的思维方向遵从的是逆向—顺向模式。一般的抽象思维的方向是从概念系统到语言系统，而阅读理解中的思维则是从语言系统到概念系统，是逆向的。一般的阅读理解捕捉到语言的概念系统后任务便完成了，而翻译则要从这个概念系统出发，建构出另一种语言系统。

2. 顺向思维过程

（1）理解中应注意的方面。理解是翻译过程中的第一步，是表达的前提。这是最关键，也是最容易出问题的一个环节。不能准确、透彻地理解原文就无法谈及表达问题。理解首先要从原文的语言现象入手，其次还要涉及文化背景、逻辑关系和具体语境以及专业知识等。

①理解语言现象：语言现象的理解主要涉及词汇意义、句法结构、修辞手法和习惯用法等。②弄清文化背景：英美的文化背景和我们不同，由此产生了与其民族文化有关的习惯表达法。翻译时必须弄清历史文化背景，包括有关的典故等。③理解原文所涉及的专业

知识。④透过字面的意思，理解原文内在的深层含义：翻译时需弄清具体含义，切忌望文生义。特别是对文学作品，还要抓住其艺术特色，并深入领会其寓意。⑤联系上下文语言环境：认真阅读上下文，了解语言环境，也就是要在一定的语言环境中才能理解得深刻透彻，只有联系上下文，才能理解原文的逻辑关系，才能确定词语的特定含义。透过表层理解深层意义，同样是靠上下文语言环境。

从语言学的观点看，孤立的一个单词、短语、句子，就很难看出它是什么意思，必须在特定的语言环境中，有一定的上下文才能确定它的意义，才能得以正确的理解。

（二）表达

表达是翻译过程中的第二步，是实现由原语至译语信息转换的关键。理解是表达的基础，表达是理解的目的和结果。表达好坏取决于对原语的理解程度和译者实际运用和驾驭译语的能力。

理解准确则为表达奠定了基础，为确保译文的科学性创造了条件。但理解准确并不意味着一定能翻译出高质量的译文，这是因为翻译还有其艺术性。而翻译的艺术性则依赖于译者的译语水平、翻译方法和技能技巧。就译语而言，首先要做到遣词准确无误，其次还要考虑语体、修辞等因素，切忌率尔操觚、随便乱译。例如 a little、yellow、ned、lame、unshaven beggar 语义比较清楚，有人将其译为"一个要饭的，身材短小，面黄肌瘦，衣衫褴褛，瘸腿，满脸短髭"。这就在表达中出现了各种语体混杂和遣词失当的错误。译者没有弄清汉语的"髭"相当于英语的 moustache，且为书面用语，而"要饭的""衣衫褴褛"等词并非属于同一语域。另外，表达还受社会方言、地域方言、作者的创作手法、写作风格以及原语的影响。

第五节 英语翻译教学的实效性与艺术性

一、英语翻译教学的实效性

（一）翻译评判上：翻译无定本

在翻译教学中很多学生期待有最佳译文的出现。这很大程度上与教师在翻译课堂上提供的"范文"有关。教师提供范文，其初衷虽然是帮助学生课后学习，但是在一定程度上也误导了学生。这让学生误以为总有一个标准的范文存在。因此，学生们对教师提供的范文产生了依赖心理。他们在翻译过程中努力模仿范文中的翻译方式，而对于自己的译文则信心不足。这在很大程度上抑制了学生创新能力的发展。从语言本身来说，标准的"范文"本身就存在一定的问题。范文的出现与语言学的本质是相背离的。语言的翻译不同于解一道数学题，它没有唯一的答案。译文不可能与原始文本具有相同效用，因为译者向别人表述的是自己所理解的，译者自我的理解取决于译者本身因素。翻译在本质上就是以译者为主体进行的两种语言之间的转换。翻译受到了翻译主体的经历、文化内涵、心理素质以及语言掌握程度等方面的影响，所以翻译无定本早已经是公认的。在实际的教学中，为了向学生传授这种意识我们可以对某一原文进行翻译，在翻译的作品中找出不同的译文，让学生对翻译效果进行评价。不同的译文各有所长。因此，高校应鼓励学生形成自己的翻译风格。这可以帮助学生们开阔眼界，破除"范文"的观念。

（二）翻译取义上：原文词典为蓝本

对翻译者来说，英语词典的恰当使用是一项重要的能力。词典一般分为对照词典和原文词典。在初学翻译的时候很多学生喜欢使用对照词典。这样可以明确地把一种语言翻译成另外一种语言，但是我们经常在翻译的时候发现翻遍所有的词典也没有相对应的词汇，这是因为从语言学来讲，有些词汇在某些语言中根本没有相对应的词。所以说对照词典对于学生来说具有一定的蒙蔽性。我们可以在教学中让学生使用原文词典，原文词典最大的优势在于使用原文解释词义，避免了解释不到位的情况。原文词典的利用可以让译者在更大程度的理解中重塑文本。这也弱化了学生在寻找文本对照词中的纠结。

在实际教学中我们可以让学生在查字典的时候首先使用原文词典，搞清楚词的原有的含义。在很多经典翻译作品中，译者可以根据语境或者创造语境义来把握游离不定的词汇含义。教师要让学生形成使用原文词典的习惯，不要盲目以词典为权威。

（三）翻译体例上：文本类型规范化

明确文本类型和确定翻译策略是翻译教学意识启蒙的主题之一。学术界一般将文本类型分为信息类、文献类、工具类。职业翻译家在对于不同文本的处理上翻译策略也是不同的。在王京平教授看来文献类文本需要侧重源语文本，判断译文的好坏的标准在于和原始文本是否等值。工具类文本需要侧重译文受众的理解，判断译文好坏的标准在于功能上是否等效。两种不同的文本从翻译策略上来说，一个是侧重原文本身，而另一个是侧重受众，并且文本不同翻译的策略也是不同的。因此，在日常教学中要让学生相信意译也是对的。

（四）翻译技法上：翻译技能全面化

在翻译教学中，很多学生认为只要上课时对知识点掌握得好就能把翻译技能学到手。这样的想法是错误的。因为翻译教学的目标是培养翻译的技能型人才，所以学生的翻译技能需要与实践相联系。学生只有通过大量的翻译实践，才可以掌握好翻译这一技能。学生的翻译技能是运用知识的能力。学生对于翻译不仅要知而且要会。因此，翻译教学要练字当头，这在学术界已经达成共识。学生只有通过长期的翻译的实践才可摸索出翻译的经验，将感性认识上升到理性认识。翻译技能和翻译技巧是有高低之分的，因此，学生要想有较高的翻译技能和技巧，就要不断练习。要想达到具备翻译实践能力的水平，至少需要十万到十五万字的翻译量，只有这样才能消除两种语言之间转换的障碍感。因此，翻译技能意识的培养应从第一节翻译课开始。

二、英语翻译教学的艺术性

为了确保大学英语翻译教学的效果，一定的辅助性策略必不可少，艺术性的英语翻译教学便是其中之一。对于具体教学策略的选择和设计上，研究者们依据不同课程，从不同视角出发，观点各异。章木林主张以"2X+1+1双主式"模式进行大学英语视听说教学，张明则重视"英文电影欣赏在大学英语教学中的重要作用"，而陈坚林则探究"大学英语教学新模式下计算机网络与英语课程的有机整合"。对于大学英语翻译教学而言，笔者重点结合具体教学对象的层次和学习积极性等诸多因素，最终设计部分辅助实施其艺术性的翻译教学。

首先，建立专门的视频网站和视频库，以便能激发学生的学习兴趣，扩展他们的课外知识，扩充其知识面和视野范围。在翻译训练上，笔者将相关翻译题设置成游戏模式，旨在丰富具体教学过程。游戏模式为单词、短语、单句、段落逐层递进的模式，相当于闯关游戏。每位游戏者必须先通过单词关，才能进入下一关短语关，如此类推。

其次，在对大学英语翻译教学方法艺术性改革之后，教学效果的检验上系列竞赛将被设计。这些竞赛具体包括单词式竞赛、短语式竞赛、短文式竞赛等。它们不但能促使教学手段的变化，而且还将提升学生的学习积极性。

最后，借助网络媒体等现代化技术手段，以加强对学生课后学习的监管和引导。例如，建立专门的网络交流群，由教师发布相应翻译素材，小组组员在线实时讨论。这种教学策略不仅可以突破传统教学在课堂上进行的固定模式，打破空间限制，而且在时间上也相对灵活，从而打破时域限制。

总而言之，在大学英语翻译教学的艺术性上，课堂设计应遵循"X+1+Y"模式，即"课本训练+网络训练+课后训练"模式。在总方针上，大学英语翻译教学应该遵循知识的"输入—输出—训练—巩固"的一般性规律和基本发展过程。无论是怎样的教学设计，何种教学手段及教学设备，教师在大学英语翻译教学艺术性策略的设计和选择上要充分考虑学生的主体性地位。在具体的实施过程中，艺术性大学英语翻译教学策略应以促进学生学习积极性为目的，以提高教学效果为主旨。

第二章　大学英语翻译的相关因素

第一节　文化与翻译

一、概说

文化（culture）是人类社会历史实践过程中创造的物质产品和精神产品的总和。物质产品形成物质文化（material culture），包括人类创造并赋予意义的全部制品，或者说是有形物品，如衣服、学校、书本等。精神产品形成精神文化（moral culture），包括抽象的物质，如语言、思想、技术、制度，等等。

文化的定义，历来争论颇多，据有人统计，多达200多种。在英语中，culture 这一名词有可数和不可数二重语法和语义性质。这正反映了"文化"概念的二重性。文化可以分成不可数文化和可数文化。不可数文化，即与自然界相对的人类共同文化，如政治、经济、军事、法律、伦理、文艺等，它包括一切人文社会科学的研究对象。可数文化，即与特定群体相联系的各具特点的文化系统及亚文化、文化圈等。只有可数文化才是文化学科所关注的对象。因此，语言与文化的关系之研究要探讨的是语言与可数文化的关系。

文化的经典定义，是被称为"文化人类学之父"的英国著名的文化人类学家泰勒（Edward Tylor）于1871年在他的《原始文化》中所提出的：an integral whole which embraces knowledge, beliefs, art, moralities, laws, customs and other abilities and habits a man has acquired as a member in a society. （文化是"一个复合的总体，包括知识、信仰、艺术、道德、法律、风俗以及人作为社会成员而获得的任何其他的能力和习惯"。）

二、语言与文化

语言即是文化的一部分，又是文化的反映。语言忠实地反映了它所属的社会与文化。语言不能脱离文化而存在。语言和文化相互作用，相互影响。

（一）语言，从本质上来说，同法律、文学等一样，是文化的一部分

一个民族的语言面貌是由该民族的文化所决定的，它是民族文化的一种表现形式。民

族文化的价值、观点、准则、习俗等都在民族语言之中烙下深深的印迹。

西方人对这些汉语称呼束手无策。而汉语中尽管有如此之多表示亲属关系的词语，却没有和 uncle 相对应的词。另外，英语中 cousin 可以指汉语中"堂兄""堂姐""堂弟""堂妹""表兄""表姐""表弟""表妹"这种身份。

此外，汉语同英语大不相同的是，还要严格区分血亲和姻亲，直至今天仍大体如此。反映在语言上就是，姻亲的只能称"外公、外婆、舅父、表兄、外甥"等，跟血亲称谓绝不能混淆。据此，汉民族文化比较重视宗法关系，重视血亲与姻亲之别。

（二）语言是文化中的一个特殊部分

其他的文化主要是通过语言来记录和反映，它因此成为一套记录文化的符号系统。换句话说，语言是文化的载体。文化的传播、学习、交流、保存和继承乃至文化传统的形成都要依赖语言，这就使文化不可避免地要受到语言的制约和限制。

（三）语言和文化紧密地交织在一起

语言既是整个文化的产物或结果，又是形成并沟通文化其他成分的媒介。一个社会的语言是该社会文化的一个方面，语言和文化是部分与整体的关系，语言作为文化的组成部分，其特殊性表现在"它是学文化的主要工具，人在学习和运用语言的过程中获得整个文化"。任何语言都是用以表达文化的，其背后都潜藏着文化。不同的语言要素反映着不同的文化属性，寓示着不同民族文化心理和不同的文化世界。所以，我们说：语言是文化的一部分，又是文化的反映，语言不能脱离文化而存在，语言和文化相互作用，相互影响。同时，语言是学习文化的工具。

三、英语、汉语中相同的表达方式

作为文化的一部分语言，英语和汉语之间存在着很多相同的表达方式。虽然英语和汉语各有自己的文化背景，但由于人类的生活方式、思维方式和思想感情基本上是相同的，因此，不同民族的人们观察事物以及表达思想感情的方式也有很多相似之处，甚至有些是不约而同的巧合，在英语和汉语之间可以找出很多这样的例子。

当然，英语、汉语这种对应的说法在整体中只是极个别的巧合，可以说是"可遇而不可求"。如遇这种情况，一般都可以互译，保留原文文化色彩。

四、英汉文化差异在语言上的反映

英语和汉语分别属于两大不同的语系。英语国家的文化背景与我国文化背景有很多不同之处。英语反映英语国家（主要是英国和美国）的文化现实，汉语反映中国的文化现实，所以，英语、汉语在各自的语言系统中鲜明地反映了自身文化的特点。

第二节 逻辑与翻译

一、概述

逻辑（logic）指的是思维规律和规则。思维是人类所特有的。简单地说，动脑筋、想问题就是思维。逻辑思维是人类意识活动的高级形式，是客观事物和现象在人们头脑里间接的、概括的反映；它借助于语言，运用概念、判断、推理等手段来反映事物内部的本质联系及其规律。

人们说话、写文章，无非要说明某个问题或者论述某一个观点。说明问题，要尽量说得清楚、准确，首先要思维严密，思想明确。所以我们常会听到这样一些说法：

"某人的文章逻辑性很强。"

"某某的讲话不符合逻辑。"

这就清楚说明了逻辑在语言运用中起着重要的作用。在语言的运用当中（翻译也是语言运用的活动），语法、修辞和逻辑的关系极为密切，它们往往水乳交融在一起。形式逻辑是研究思维在语言中的表现形式，如果语言形式用错了，就不能如实反映说话人的思想。

二、逻辑与语言的关系

从历史上看，人类正是在语言的帮助下才逐步地在实践的基础上发展了自己的逻辑思维。不论人的头脑中会产生什么样的思想，也不论在什么时候产生，它只有在语言材料的基础上，在语言的术语与词句的基础上才能产生和存在。人的思维与语言有着直接的联系，语言的好坏，也就同"合不合逻辑"分不开了。实践证明：语法、修辞、逻辑是决定语言运用好坏的三个密不可分的主要因素。而逻辑又可以反转来检验语言运用的质量，发现问题。

逻辑是研究思维活动的。思维存在于人们认识过程的理性阶段。思维的具体内容是概念、判断和推理。判断和推理都离不开概念。概念同语言的词语之间有着密切的联系，词语是概念的语言形式，概念是词语的思想内容。这就说明，翻译要做到正确与生动，必须借助于思维的逻辑和语言的逻辑。也就是说，不但思维必须符合逻辑，语言也同样要符合逻辑。

人们运用语言就有一个合不合逻辑的问题。人们思考问题、认识事物，总是要运用概念加以判断、进行推理。在思维过程中，如果概念不清，判断失误，推理有错，就会影响思维的效果，就不能正确认识事物，话就说不好，文章就不通顺。逻辑可以帮助人们正确地运用语言进行表达，获得预期的效果。

三、逻辑与翻译的关系

翻译也是运用语言的活动。翻译要达到准确、通顺与形象再现，就离不开逻辑性。翻译的逻辑性也就是合理性，翻译必须合理地运用逻辑思维的形式和方法，使译文达到概念明确，文理通顺，结构严谨，能够起到原文同样的效果。

翻译过程是一个复杂的心理过程。翻译是一种包括思维过程和表达过程的高度的脑力劳动，它经过对原文的文字理解以及对原文思想内容的理解，用原文语言进行思维将所理解的内容形成一个概念或意象，并用译文语言进行思维而形成概念或意象，最后用译文语言将这一概念或意象表达出来。翻译的全过程是一时一刻也离不开逻辑的。匈牙利著名翻译家拉多·久尔吉博士的观点更加明确：翻译是逻辑活动，翻译作品是逻辑活动的产物。

第三节 修辞与翻译

任何一个语言表达单位都具有一定的思想内容，有与之不可分割的某种色彩。在翻译过程中，必须弄清楚原文带有什么样的色彩意义，这种色彩意义是用什么样的修辞手法来表达的，以便翻译时在正确表达原文思想内容的基础上，进一步研究如何对等地再现原文色彩和表达效果。翻译的使命在于沟通信息，传情达意。它要求译者在使用译语进行表达、再现时，必须在神、形、韵上尽可能地与原文保持一致。因此，译者下功夫锤炼语言，是保证翻译技巧达到纯熟最重要的环节。

人们通常把修辞分为消极修辞和积极修辞两大类型。在翻译过程中，它们实际上是两个阶段。在消极修辞阶段，炼词是修辞的基本任务，而在积极修辞阶段，炼句则是修辞的基本任务。这二者是相辅相成的，其目的均在传神达意。

一、概述

修辞（Rhetoric）一词在中国古籍中出现很早。《左传·襄公二十五年》中说过"言之无文，行而不远"。用现在的话来解释说，言辞如果没有文采，虽能行于一时，但不可能传之久远。由此可见修辞的重要。

修辞学所研究的是如何极尽语言文字的可能性来恰当地表达一定的思想内容，也就是在表达过程中的语言应用。这种语言运用具体地体现在一定的语言手段和表达方式上。

(一) 修辞的概念

修辞是运用语言的艺术。人们在表达思想的时候，不仅要求通顺，还需要在通顺的基础上，根据题旨、语境，非常准确而鲜明、生动地表达自己的思想感情，使语言的表达具有感染力量。修辞就是调整、润饰语言。换句话说，为了更好地表达思想感情，充分发挥语言的交际作用，根据题旨、情境，选择最恰当的语言形式来加强表达效果的语言活动，就是修辞。

修辞就是运用各种形象性手段和表达方法，把话说得或把文章修饰得更加生动活泼，使语言表达更加准确、鲜明、生动、有力，以加强抒发感情、表达思想的功效。修辞同语法上的各种附加成分的修饰不同。语法的修饰只求对，只求合乎语法的正常规律；而修辞，则不仅要求对，而更重要的是要求美，以便对听者或读者产生更大的影响力和感染力。

修辞同语言的各要素——语音、词汇、语法都有着十分密切的关系。毫无疑问，语言形式的选择与加工都离不开词语的增删、换改，离不开句子结构形式的变动，离不开对词语声音的调配与斟酌。修辞必须建立在这些语言要素的基础上，才有"选择"的可能。所以，修辞是对语言各要素进行综合运用的手段。

(二) 修辞的原则

调整、修饰语言都是为了符合题旨、情境的要求。题旨、情境是修辞的重要依据。所以，在语言的修辞过程中，必须遵循以下原则。

1. 必须依据表达的内容和目的进行修辞。
2. 必须根据具体的语言环境进行修辞。具体的语言环境指的是上下文、场合、对象等。在书面语言中，一篇文章、作品是一个完整的统一体，所以修辞还应注意语言的前后照应等方面。
3. 必须依据语体特点进行修辞。

(三) 修辞的范畴

从修辞的范畴来看，人们通常将其分为消极修辞与积极修辞两大类型。陈望道先生在其《修辞学发凡》一书中也提出过消极修辞和积极修辞问题。实际上，在翻译过程中它们可以视作两个阶段。消极修辞的目的在于使人"理会"，积极修辞的目的是要使人"感受"。因此，积极修辞讲究有力和动人。

积极修辞又可以分为广义修辞和狭义修辞。狭义修辞具体指各种辞格，广义修辞还扩大到文体、题材等。

(四) 修辞与翻译

从修辞学的角度看，翻译就是用译文语言形式对原文语言内容进行对应性艺术转换。这种转换首先应保证正确而忠实地传达原文内容，同时还应调动各种技巧，灵活驾驭译语，再现原文修辞风采，使语言生动有力，具有对等的修辞效果。

二、英汉修辞对比

英汉两种语言在常用的修辞手法上存在着许多相同、相似之处，但又不是一一对应。由于双方历史发展不同，文化传统和风俗习惯相异，甚至思维方式、美学观念也有许多差别，往往在表达相同概念时，可能会使用大不相同的修辞手法。英汉各有自己的语言系统，语音的音韵节律、词义的引申方式、词语的搭配范围、句式的结构方式诸方面，都有很大差异。因此，即使是一些性质相同的修辞手法，在形式上和运用范围上也都会有所不同。这是英汉翻译过程中应当注意的一个问题。

(一) 英汉相似修辞手法

英语中多数修辞格与汉语修辞格相同或相似，因而在翻译时，可以套用，但有时由于比喻形象不同，翻译时又不能过于机械，应加以变动。

(二) 英语特有的修辞手法

英语这一富有表现力的语言具有自身的修辞，有不少修辞手法与汉语相同。英语中有些特有的修辞手法是比较难译的，如何翻译英语中的修辞手法，特别是英语中特有的修辞手法，是翻译中的一个重要课题。翻译要忠实地表达原文的思想、精神和风格，因而原文中的修辞手法，有的可套用，有的不可套用。下面探讨如何翻译英语中难译的修辞方式，这往往需要译者根据汉语习惯，用汉语中另一种修辞方式或其他方法翻译出来，做到既不失原意，又尽量不削弱原文的表现力和感染力。

三、译文语言的修辞方式

翻译的任务，一是理解，二是表达。译文中的表达问题与修辞密不可分，因为二者都是探讨运用语言的技巧。下面仅就几个主要方面谈谈译文中的修辞问题。

(一) 精心选择词语

为了使译文流畅易懂，要注意词义选择和引申。这里主要从修辞的角度出发，讨论在翻译中如何正确有效地使用词语，使译文语言表达得生动活泼，再现原文修辞效果。同义词的选用是其中最重要的内容。

(二) 灵活安排句式

灵活安排句式也是修辞的重要内容。从不同的角度看，汉语有多种多样的句式：有长句和短句，主动句和被动句，肯定句和否定句，顺装句和倒装句，无主句和独语句等。修辞讲求的是不同句式的运用所产生的修辞效果。在翻译中，句式安排首要任务是句式的选择如何既与原文的体式基本适应，又符合汉语的修辞习惯。

第四节 风格与翻译

一、概述

风格一词是多义的，就翻译而言，要保持原文的语言特色就是要追求风格上的对应，也就是要对原作的语言艺术负责。

语言风格是语言形式与语言内容相统一的体现，具有形与神（形态与神韵）的两重性。翻译时，译文的风格是表现作者、原文的风格，它们既有共性又有个性。翻译必须做到传神达意，体现风格。翻译水平越高，作者的风格就越传真，译者的风格就越传神。

风格与形式有联系又相区别。风格属于言语的范畴，形式属于语言的范畴。英汉两种语言的差异决定了形式相等近乎不可能。但这并不等于说译作的言语风格不能近似于原作的言语风格。既然风格属于言语的范畴，风格的变换依赖于对语言形式的选择，具体地说是对语音、词汇、句法、修辞手法和篇章结构的选择。所以说，风格的体现既依附于语言常规，又偏离语言常规。

依照翻译理论，再现原作风格应该是也必须是译者的追求。由于不同语言之间存在着许多层次上的差异，要想完整地传达原作的风格，特别是文字上的，确实有许多障碍，但译文要尽可能接近原作风格，尽量反映原作的艺术个性。对于这一点，译界在理论上已达成共识，每个译者在主观上都应朝这个方向努力。要尽可能再现原作风格，识别感悟原作风格是个前提。

当然，在翻译中，原作的思想内容并不取决于译者，而取决于作者。所以，译者可取的基本形式也受到原作很大的限制。译者不可能不顾原作的思想内容和语言形式，随意创造"风格"。这是翻译所面临的客观上的局限性。

综上所述，风格是可以转译的，但有难度；译文风格应尽可能与原文风格保持一致。

二、正确理解原文，忠实传达风格

所谓艺术风格，简单地说，就是某一位作家的创作手法，行文习惯。风格二字，有时被解释得神乎其神，似乎是什么虚无缥缈的东西，不可触摸，然而虚无也好，实在也罢，作家的风格无非表现在词语的选择和句式的调动之上。实际上，真正再现原作风格并非易事。译者所能做到的只能是译文尽可能地接近于原作的神韵，如此而已。

第三章 大学英语翻译课程教学中几种关系的处理

第一节 思维与能力

人类的大脑是思维的物质载体，思维是大脑的功能，思维是人类对客观事物间接的、概括的反映，它产生于人类的感知并高于感知。换而言之，思维是人类认识现实世界时动脑筋的过程，因此，要进行比较、分析、综合、推断。尽管全世界有几千个民族，但各民族不管使用什么样语言，他们的大脑在生理结构是相同的，所以人类的思维有共性可寻。之所以思维存在差异，只是由于使用的语言不同，影响了人们的思维方式。众所周知，英语国家的人与汉语使用者的思维方式有所不同。英汉两种语言属于两个完全不同的语系，加上使用这两种语言的人所处的国家有各自不同的发展历史、文化背景等。使得英汉两个民族的思维方式产生差异。

一、中西方思维方式的差异主要表现在以下几个方面

（一）模糊性与精确性

中国传统思维方式最引人注目的特征，就是模糊性，这与西方传统思维追求精确性有明显的区别。从语言上看，形容词不存在比较级，动词也无所谓"时态""单复数形式"，其确切含义只能通过具体语言环境、语言前后内容来把握。

（二）悟性直觉与理性逻辑

中国传统思维重视经验悟性直觉思维，西方传统思维重视理性逻辑思维。中国的形容词、成语特别多，几乎每个词都有一个意象而抽象名词又特别少。这样使得优美、富有意境的汉语诗歌、散文译成西方语言往往失去了原来的韵味，而西方的科学论文译成中文，又很难找到相近的词语表达，以致近现代一些翻译家不得不大量创造新的词汇来适应西方科学著作。中国传统思维重内省顿悟，重类比推理。先直觉到某一真理然后再用多种具体比较和形象寓意阐述。西方重实验验证，重归纳和演绎。

(三) 有机性与机械性

中西方思维方式的另一重要区别是，中国传统思维注重整体有机性、辩证性突出，而西方传统思维注重具体机械性、形而上学明显。

因此，翻译教学需要对英汉两种语言的使用者的思维差异进行研究，尤其要对英汉语言使用者的思维进行研究。翻译活动是一项多层次的心理活动，大致可分为语义层次、文化层次、思维层次和美学层次。翻译教学研究必须将以上几个方面的层次纳入研究视野。不仅如此，还必须对这些层次之间的关系进行对比、研究，并将不同专业方向的翻译活动与一般的翻译教学进行对比、分析和研究。例如，对商务翻译、科技翻译、文学翻译进行对比研究。商务翻译中"专业层次"有明显的特点，它带有专业特征口国际商务各行业的专业语言与其他环境中的语言不一样。另一方面，"美学层次"通常在文学翻译学中有着重要的位置，而在商务翻译和科技翻译中就显得不那么重要。针对不同分支学科之间翻译教学的研究是当前翻译教学法的一个任务。

翻译的过程离不开思维。翻译思维更多的是抽象思维。但是翻译思维不是一般的心理活动。翻译思维的特点是：翻译者将所接收到的源语信息通过大脑的思维活动转换、生成目的语信息，这是一种大脑深层次的思维活动。尽管翻译思维更多的是抽象思维，"但是，我们不应该忽视思维分类的相对性。我们肯定翻译从主体上说属于抽象思维。但不能排斥形象思维对翻译思维的验证或校正作用。"就如科技翻译，其翻译过程主要涉及抽象思维。所以科技翻译不像文学翻译需要译者使用形象思维进行再创作。

翻译活动研究的重点是翻译思维和翻译心理活动。翻译过程含有译者心理活动过程，并且与思维密切相关。翻译过程中译者的认识活动起主导作用，而这一切离不开思维。"实践证明：从翻译活动的需要来说，我们也必须深入探讨思维问题"。研究翻译心理活动就是研究译者翻译实践的认知活动和思维活动。

翻译心理活动系统涉及两大活动：动机和认知。动机主要涉及翻译者的态度与目标，在翻译过程中具体体现在译者翻译的价值取向。例如，对英汉科技互译有浓烈兴趣的人就不太愿意或没有时间去做文学翻译。翻译者的动机主要是指在考虑翻译选择时，有自己要达到的目的；翻译者的认知活动主要涉及翻译过程的实质阶段，即从对原文的浅层次认识到高层次认识的过程。浅层次认识主要指译者对翻译活动的初步感觉，原文语言所承载的语义信息、文体风格信息、文化信息给译者的大脑皮层产生刺激后引起译者对原有的相关知识回忆。高层次认识是对源语言信息用目的语进行的忠实再现。译者是在进行了浅层次认识后向更高层次发展的结果。译者通过浅层次认识，对原文有所了解。然后，再进行思维活动。就科技翻译而言，形象思维不多，直觉思维和创造性思维占翻译思维的主导地位。译者经过抽象思维，对原文的理解进一步加深。翻译心理活动是复杂的，翻译者本人不一定会感觉到这种复杂的翻译心理活动过程，但译者将自觉不自觉地在翻译过程中经历这种心理活动的全过程。当进入表达阶段时，译者通过创造性思维，用目的语将原文的信息表达出来，完成翻译心理活动过程。

此外，翻译心理活动过程中还涉及用原文语言进行思维和用译入语语言进行思维的问题。一般来说，译者通常用自己的母语进行思维，英语水平高的译者能用英语思维。在翻译心理活动过程中，我们认为，需要用英汉双语进行思维。译者在认识活动的初级认识阶段基本上是用原语进行思维，因为必须阅读原文。但是在理解原文后，译者心理中要有一个从原语思维向用译入语进行思维的转换过程。

将心理语言学运用到翻译理论研究的应首推英国语言学家罗杰·贝尔。他在1991年出版的专著《翻译与翻译过程：理论与实践》中回答了信息是如何获得的，又如何组织和保存在记忆中这个问题，并逐一论述了感觉与知觉的关系，编码与解码的过程，记忆系统的本质和记忆中储存项目类的本质等。他的观点为我们进一步研究翻译思维和心理现象提供了有益的参考。

心理学告诉我们，任何事物的客观反映都有一个思维的过程，即认知、理解、分析、判断等阶段。翻译的过程就是对客观事物的反映过程，是译者对原文的认知。最后判断阶段结束后，用译入语表达自己认知的结果：创作译文。

二、在翻译教学过程中教师应该在以下几个方面正确处理思维与能力的关系

（一）培养学生拥有正确的翻译策略

由于学生个体的不同和他们在学习目的、动机、情感、学习经历以及学习英语时的客观条件等方面的不同，他们所采取的翻译策略也截然不同。正是由于翻译者选择了不同的策略，他们的翻译效率和效果也大为不同。随着认知学习理论的发展，人们对学习者和教师在学习中的作用的看法有了改变。人们越来越认识到学习者被看作积极的信息加工者、解释者和综合者更为合适。一个良好的学习者可以根据不同英语、不同学习任务、不同的英语翻译课堂教学类型而选择不同的翻译策略。他们能使用不同的策略去存储和提取信息，使用不同的策略去完成学习任务，达到学习的目标。因此，他们可以相对缩短语言习得的速度，较快地达到课程标准所要求的翻译水平。针对翻译策略的培养方法有两种观点：一是直接讲授，二是间接训练。直接讲授指教师告诉学生策略训练的目的和意义，然后进行训练；间接训练中，教师不告诉学生为什么练，练哪种策略，但是把学习策略安排在学习活动中或练习材料中，学生在练习中无意识地掌握学习策略。中外学者对成功的英语学习者进行了一系列研究，他们的研究给了我们一定的启发。我们应该在工作中发现那些成功的英语学习者并对他们的特征进行分析研究，总结归纳他们学习的特点，这会有利于我们鼓励更多的学生向着成功的方向迈进，把英语学得更好。事实上，在教学中我们会

碰到一些口头交际能力较强的学生，但他们的笔头功夫可能较差。当然也有相反的情况存在，归根结底，都是因为学习者所选用的学习策略不同。

（二）培养学生良好的语言意识和文化意识

英语翻译教学应包含两个层面：一是语言符号层面。即通过一段时期的英语学习，学生掌握一定的语音、语法、词汇、修辞等知识，从而为学生掌握听、说、读、写、译等技能奠定基础。二是文化层面。语言是文化的载体，文化又深深地植根于语言。文化与语言的密切关系已成为大家的共识。英语学习者不仅要学习一种截然不同的语言符号，而且要面对和学习陌生的文化，包括各种制度规范、礼仪习俗、行为方式；更深一层还有思维方式、思维习惯、传统文化、社会形态、价值观念、风土人情、审美情趣等。不了解语言所承载的文化，就不可能掌握所学的语言。因此，英语学习者如何面对与本民族文化相冲突的目的语文化，站在什么样的角度，采用什么样的方法来看待他们，即培养学生较强的文化意识是英语教学中的一个重中之重的问题。

英语翻译教学在很长的一段时间里忽视语言使用与文化因素的相互作用，培养出来的大部分学生尽管语法知识掌握得很好，词汇量很大，但却缺乏在恰当的场合使用恰当的语言的能力，有时甚至运用本族文化的言语交际准则来套用英语以至闹出笑话。其主要原因在于我们忽视了语言交际活动要受到相应文化规则的制约。所以，要学生有效地掌握语言，必须同时向学生教授目标语的文化，即培养学生的语言意识和文化意识并重。

语言是人类思维的工具，是人类形成思想和表达思想的工具，语言词汇是最明显的承载文化信息、反映人类社会文化生活的工具。培养学生的语言意识，首先应让学生通过阅读大量的语言材料去理解母语和英语之间在语言单位上的差异，掌握英语的基本语音、词汇和语法，进而使学生的"语篇水平""交际能力""信息传递能力""文化知识"等得到提高。对于英语学生来说，文学、语言学内容有利于培养学生的批判鉴赏能力，提高他们的语言意识，是英语教学的核心内容。同时，由于我们的培养理念是"英语+方向"，因而对学生方向课的培养必不可少，对能力的要求就会更高，而且学校应适当开设相关专业知识课程，以满足学生的需要，更好地提高其实际能力。

（三）培养学生具有较强的跨文化交流能力

英语教学的跨文化性决定了跨文化交际能力在英语教学中的重要性，英语教师应使学生在语言能力上从文化知识重现这一层面上升到文化理解、文化洞察与分析这一更抽象、理性的层面。因此，英语教学应把学生培养成具有跨文化交际能力的文化交流的使者，具有对不同文化的一定的洞察力和分析比较能力。在英语教学过程中，教师可通过课堂语言材料的讲解以及学生通过阅读目的语作品了解外族文化的重要性。比较法是跨文化语言交际中的一个极为重要的手段。有比较才有鉴别，只有通过对比才能发现学生母语和目的语语言结构与文化之间的异同，从而获得一种跨文化交际的文化敏感性。只有这样才能使商务英语学生在未来的商务活动中增强实际应用能力，知己知彼，才能百战不殆。

然而，在英语教学中鼓励学生了解外民族文化的同时也不应该忽视本民族文化的重要性及意义。本民族文化可作为与外族文化对比的工具，更深刻地揭示外族文化的一些主要特征，从而也加深了对本民族文化本质特征的更深入地了解；同时，通过对学生本民族文化心理的调节，培养学生对外族文化和英语学习的积极的态度，从而调动学生学习英语和外族文化的积极性，增强他们的学习动机。

（四）加强学生思维能力的培养

一种民族语言与该民族的文化有着千丝万缕的联系，而语言的各种语义都作为集体的思维成果巩固在语言单位之中，语言和思维有着辩证统一的关系。思维是指用概念、判断、推理等形式反映客观现实的过程。语言与思维是相互依存和相互促进的。一方面，从语言对思维的作用看，语言使思维物质化。另一方面，从思维对语言的作用看，思维是构成语言单位的必要条件。只有通过大脑的反映活动，语言单位的形式方面才能与客观世界的事物、现象和关系发生联系。

语言具有民族特点，但思维的规律是全人类的。一个民族用自己的语言所形成和表达的思想，另一个民族也可以用自己的语言来形成和表达。语言可以表达任何思想，不论这个思想是属于哪一个民族，或者先用什么语言形成和表达的。思维能力的培养在英语教学中是一个常常被忽视的问题。英语翻译教学课程量大，技能操练多，没有给学生保留足够的思维空间和拓宽知识的空间。但实质上，英语翻译教学过程始终贯穿思维的运用和发展，这是语言和思维的辩证关系决定的，合理的英语翻译教学对学生思维能力的发展有重要作用。那么，如何结合英语翻译教学的特点发展学生的思维能力呢？

第一，翻译教学内容和教材的选择与合理运用。现在，我国现有的英语教材有很多种，我们应该根据学生的年龄、教育背景、学习动机、水平、目的、期望、语言技能的弱项、学习方法的偏好等，以及任课教师本人的专业基础、语言水平、教学经验、语言技能的强项、教学方法的偏好、对教学效果的期望等选择教材和安排教学内容。同时，不同性质的学习材料（文字材料、语音材料、多媒体教学课件等）会为各种类型思维的发展创造不同的可能性，英语教师应充分利用材料的内容和学习目标去锻炼学生的思维，并应给自己的单元教学规定思维培养方面的具体目标。

第二，采取灵活多样的教学法和教学模式。由于教学任务和教学内容的不同，教师不应该固守一种教学方法和教学模式。这样不利于学生发散性思维的培养。在英语翻译教学过程中，教师必须着重培养学生独立思考的能力；培养学生多角度地分析问题的能力；培养学生运用的各种思维方法解决问题的能力，对结论的推理过程给予足够的重视。使学生在英语学习过程中能够有效地提高思维的深刻性与广阔性、独立性与批判性、逻辑性与灵活性，才真正学会如何去学习。

总之，英语翻译能力的培养是英语翻译教学的出发点和归宿，英语翻译教学活动应围绕这一目标展开。一种教学法和教学模式的优劣，主要看它是否使学生的英语翻译能力有所提高，即需要有正确的英语学习策略；良好的语言意识；正确的文化意识和较强的跨文化交流能力；同时，英语思维能力有所提高，才会真正提高学生的英语实际翻译能力。

第二节 教师与学生

自 20 世纪 40 年代早期，很多教育学家和心理学家在认知风格方面做了大量的研究，提出和验证不同的认知风格结构，如场依存型—独立型；聚合型—发散型；整体型—序列型；言语型—表象型等。20 世纪 90 年代，英国伯明翰大学的拉埃丁（Richerd. Riding）及其同事在认知风格方面的研究做出了显著的成果，一方面他们对已有的研究成果进行了综合，另一方面他们提出了一套认知风格评估体系。

认知风格是个体在信息加工和完成认知任务过程中其个性特征的具体表现，也是一个人在感知、记忆和思维过程中所具有的稳定风格在认知活动领域里的体现。由于认知风格已成为个体心理现象的有机组成部分，因此，一个人的学习活动必然会受到其认知风格的影响。个体学习认知风格的形成是认知活动自我意识和调控的个性体现，它直接参与并操纵学习的基本过程。它不仅影响学生的学习过程及能力素养的提高，同时还制约教师的认知活动及其个性化体现的教学风格。

不少学者认为教学可以促进学生认知风格形成和完善。建构主义教学观认为在教学过程中，每个人都是独立的主体，以自己的认知方式建构主观世界。只有当教师的教学策略和方法与学生的学习风格相匹配时，学生才能提高学习效率。教师应遵循学生心理发展的客观规律，在教学过程中根据学生个体认知方式、学习策略，对教学目标、内容、手段等进行选择、组合、管理，因材施教，为每个学生发挥自己特长提供条件，激发各层次学生的学习积极性和个体素质优势，让每个学生都能得到充分发展。

一、教学风格和学习风格内涵解析

（一）教学风格的内涵解析

教学风格是指在教师个体认知结构和一定的教学理论指导下，在长期教学实践中逐步形成适合自己个性特征、思维方式和审美趣味的教学个性化的稳定状态的外在表现。同时教学风格是教师的教学策略、教学方法集中表现，是教师的个性综合素质的体现，是教师日益成熟的重要标志。

教师的教学风格与其本人的认知风格和知识结构直接相关，同时还应受到教学对象的制约。教学风格的形成与发展，实际上是教师对其自身的认知方式、知识架构不断解析并满足教学对象需要的过程。良好的教师的教学风格是能够与其既定的教学对象的学习风格相匹配，这既能促进学习风格多样的发展，又有利于塑造具有个性魅力的教学风格。

关于课堂教学风格的类型，由于使用的标准不同，类型也就不同。以课堂教学中师生交流信息的活动方式和方法为标准，把课堂教学风格分为以下几种主要类型。

1. 理智型

其特点是教学结构紧凑，教学重点和难点突出，教学内容条理清楚，重视学生逻辑思维能力的培养，用理智控制课堂教学进程。

2. 情感型

其特点是以饱满情绪感染学生，以温暖的话语鼓励学生，在理解、沟通的前提下，师生共同营造出一种热烈课堂气氛。

3. 自然型

其特点是教师将教学内容融于简朴、真实的教学情景之中，学生在反思过程中获得知识。

4. 幽默型

其特点是教师讲课生动形象，机智诙谐。该教学风格有助于调动学生学习的积极性和主动性。

5. 技巧型

其特点是教师讲课精于各种教学方法。整个教学设计体现出教师对学生的认知结构、心理特征和知识结构以及学习能力的了解及对教学方法的合理运用和对知识重点、难点的准确把握。

（二）学生认知风格的内涵解析

学生认知风格，是指学生在知觉、思维、推理、理解、解决问题和记忆等认知活动中加工和组织信息时所显示出来的独特的、稳定的外在表现。

学生的智力水平和已有的知识结构在一定程度上制约其认知结构的发展程度，并且直接参与学习的基本全过程。学生的认知风格在认知结构基础上受家庭环境、教育层次和社会文化倾向的影响，通过个体自身长期的学习活动而形成的，具有鲜明的特征：稳定性，可塑性。

学习风格具有相对性，学习风格没有优劣之分，只是不同的学习风格适于完成不同的学习任务。安德鲁（Andrew）将学习风格按照感知方式分为：视觉型、听觉型、动觉型；按照认知方式分为：整体型、细节型、综合型、分析型、尖锐型、齐平型、演绎型、归纳型、场独立型、场依赖型、冲动型、思考型；按照个性特点分为：外向型、内向型、随机—直觉型、具体—程序型、封闭型、开放型。从他的研究体系和方法上，我们可以看出学习者的学习策略和学习方式处于学习风格中的核心地位。

二、教学风格对学习风格的影响

学习风格的形成受到诸多因素的影响，既有来自生理、心理和知识结构的内部因素又受到来自学习环境、教学模式、教学策略以及教师的教学风格等外部环境因素的影响，而教师的教学风格是这些外部环境因素的重中之重，直接影响着学生学习风格的形成和发展。教师的教学风格对学生的学习风格的影响主要体现正负两个方面。正向影响：一是在学生学习风格初步形成阶段，教师的教学风格直接影响甚至决定学生的学习风格的形成；二是在学生学习风格丰富和发展阶段，对学生已有的学习风格起积极的引导作用。负向影响：当教师的教学风格与学生的学习风格不相匹配时，对学生已有的学习风格消极的阻碍作用。

一般而言，严谨风格的教师会培养出一丝不苟的学生；理智型、自然型和技巧型风格的教师在教学过程强调学生的主体地位，注重发挥学生的主观能动性，因而具有这几种类型教学风格的教师深受场独立型学习风格的学生喜爱；情感型、幽默型的教学内格会培养出场依赖型的学习风格。不同教学风格的教师会不同程度地调教出与之相匹配的学习风格的学生。

高效的教学过程是以教师的教学风格和学生的学习风格相匹配为前提的。外向型的学习风格在理智型的教学风格下很难发展，却有可能在幽默型、艺术型、情感型的教学风格下开花结果；情感型的教学风格能感染持有内向型学习风格的学生，而持有分析型学习风格的学生却有可能对之回避；技巧型的教学风格适合于场依赖型的学习风格，却让思考型的学习风格感到无法适应。

不同的教学目标要求师生双方都不能固守于自己即成的教和学的风格。如果学生的学习风格和教师的教学风格相配，他的学习风格必然得到发挥和发展；反之，教师的教学风格将阻碍学生学习风格的发挥。这时教师和学生总要有一方来调整自己的风格，以使教与学归于和谐。

三、促使教师教学风格和学生认知风格相调谐的教学措施

学习认知风格和教学风格的相互匹配以教学过程为外在环境，以认知方式为内在机制。两者相互协调共存于教学过程中，这既有利于教学风格的塑造又有助于学习认知风格的发展。

（一）引导学生认识自己的学习风格，逐步形成以良好的学习策略为核心的认知风格

教师应关注培养学生发展和调整自己的学习认知风格的能力，使其学习风格和教师的教学风格相匹配。教师不仅要了解学生的学习风格，而且要引导学生认识自己的学习风格特点，帮助学生把学习风格转化为学习策略，不断地启发学生观察自己的学习风格和偏好。当学生在学习新知识时，教师应不断提醒他们注意自己获得新信息和技能时采取的认知方式和学习策略。

教学风格和教学策略是促使学生形成个性鲜明的认知策略、学习策略和认知风格的必要条件而非充分必要条件。当学生在教师教学策略的引导下，认知策略的改变会导致其学习策略的改进，从而促使其认知风格的逐渐形成。所以，教师应采取多种教学策略、教学手段来控制学生的注意并激发学生采取适当的学习策略以形成自己的认知风格，从而促进自己的学习能力的提高。

（二）教师针对不同的学习认知风格应采取相应的教学策略

教师应具有较高的对教学风格的调控水平，以便塑造教师个体多样化的教学风格，来满足不同教学内容要求和学生多样化的学习风格的需要。教师也要对自己的学习风格有正确的认识及其对自己采取的教学方式的影响。偏向分析型学习风格的教师在讲解中也应努力让那些直觉型的学生理解所讲的内容，而有强烈的直觉性倾向的教师也会根据分析型学生对定义和结构的需求使用相应的教学策略和教学材料。教师应该帮助学生认识不同的学习风格的价值。一般情况下，学生可能愿意与学习风格相近的人一起学习工作，但他们的学习效果并不好，因为这种学习方式只会强化各自在认知方式上的缺陷而不能优势互补。教师在实际教学过程中应该将各种不同风格的学生分配在一起学习，这样既能丰富学生的学习经验，发现自身认知方式优势与缺点，又能帮助他们形成更好的认证方式和学习策略。

（三）培养学生对自身学习风格的调整与反思的能力

教师应重视学生学习风格的差异，不能轻易地仅凭考试分数的高低来判定学生认证方式和学习风格的优劣。在传统的课堂教学中，学生的学习思路完全跟随教师的教学设计走，整个课堂教学安排没有给学生留下思维空间，没有自我反思的时间。因此，要真正实现以学生为中心的课堂教学，教师必须留给学生充分的时间和空间去反思和自我表现，注重培养学生对学习任务分析和判断能力、开发新思路以及探索新方法的能力、对学习内容的概括和总结能力。而这一切的前提条件是要培养学生的问题意识，教师必须尽可能让学生自始至终成为教学全过程的主体，即问题的发现者、解决方法的寻找者、学习成果的验证者。

（四）注重对各方面教学反馈信息的分析和研究

教学过程实际上就是在教师和学生之间进行的各种信息交流的过程，其中既包括正向交流信息：知识信息和情感信息；又包括负向信息，即各种干扰信息：教学环境噪音强弱、教室光线的明暗、教学设备使用过程中非正常事故，甚至教师和学生服饰和发型的改变都会成为引起学生注意的干扰信息。因此，教师必须对每一节的教学进行教学反思。教学反思使教师不断提高自身的教学思想和智慧；提高教学水平，教学反思是解决教学问题为基本方式，是推动教学水平不断提高的强大动力。此外，教学反思是教师对教学过程监控的最为有效的方法，而书写教学日志是教学反思最普遍、最有效的方法。教学日志是对课堂教学真实反映，是教师对自己教学思想变化、教学策略的改变的客观记录。长期撰写教学日志有利于教师对自身教学风格和学生学习风格的分析和认识，是对自我改变和超越，是一种促进自己专业发展的强有力的工具，最终成为教学智慧的源泉。

教学过程是教学风格和学习风格相互作用、相互促进的过程，他们也逐渐走向成熟的过程。教学风格是学生学习风格形成、完善和走向成熟的孵化器。因此，那些重视学生的学习风格的培养的教学风格和教学策略才是有价值的，才能具有生命力，才能真正实现"因材施教"，这对促进学生学习个性全面发展具有重要的指导意义和现实意义。

第三节　知识与能力

一、语言知识和言语技能的关系

语言是交际工具，是社会化的一种规范的信息系统，言语则是使用语言工具进行交际的过程，是个人心理现象。知识是以经验或理论的形式存在于人脑中的对客观现实认识的结果，反映客观事物的属性与关系。事物的种种联系和关系，特别是事物的本质和规律，是不能单纯通过感知直接认识到的，必须通过一种思维活动——理解才能认识。人类知识是人们经过反复实践对事物的本质和规律达到理解的产物。知识的学习都要通过理解。新知识的获得主要依赖认知结构中原有的相应观念，通过新旧知识的相互作用，把新知识同化于已有的认知结构，或改组扩大原有的认知结构容纳新知识，这便是理解。可见对知识的掌握首先是要达到理解的程度。当然学生在学习的不同阶段，理解还可以有不同的水平，一般是从低水平的肤浅理解（认识事物的部分联系）进入高水平的深刻的理解。

二、各种言语技能之间的关系

言语技能除了读、听、说、写、译等几种每种言语技能都有着不同的生理心理特点，但各种言语技能之间却存在密切的内部联系。听、说属于口语方面，读和写属于笔语方面；听和读属领会式掌握语言，说和写属复用式或活用式掌握语言。朗读既与笔语有关（读的是书面材料），也与口语活动有关（把看到的言语变成发声的言语）；既与领会式掌握有关（感知理解笔语），也与复用式掌握有关（发声的言语可为人感知和理解，从而通过朗读可传达别人的思想而且可以成为背诵）。读、听、说、写之间主要联系以双线表示，读、听、说、写各与一种形式密切联系，听可为外本口译打下基础，读可为培养外本笔译打下基础，能说才能进行外本口译。

（一）掌握英语言语技能的三个层级

1. 领会式掌握英语言语技能

领会式掌握，表现在对言语的感知和理解。当人能听懂（听觉领会）或读懂（视觉领会）言语时，这表明他已达到领会式掌握言语技能的程度。听懂和读懂表明已具有听的技能和读的技能。运用听或读的技能不仅包含感知的过程，同时还包含记忆的过程。输入的言语材料必须与原有的认知结构相互作用，才能使视觉和听觉刺激中编码的意义变成接受者脑中的意义。

2. 复用式掌握英语言语技能

在心理学上复用指的是在记忆中再现某种材料，也就是在没有言语信息输入的情况下主动地再现材料。在复用时也会产生认识感。因而复用并不排斥领会，实际上是包含领会。恢复过去感知和掌握的言语，例如利用背熟的语言材料讲话，这便是复用式掌握语言。在复用的言语中，说话人通常不加入任何自己的创造性的东西，只是像演员一样背诵已准备好的台词。

3. 活用式掌握英语言语技能

学习英语达到能够不必依靠背熟的语言材料而比较自由地创造性地运用所认知和再现的材料进行说或写时，可以认为已经达到了活用式掌握语言的水平。活用式掌握是以创造性再现所学材料为标志的，要求编造词的表述形式表达自己的意思。因而活用式掌握英语所具有的说和写的技能。

（二）掌握英语言语技能的类型特点

1. 感性直觉类型

（1）主要通过实践掌握英语，不大重视语言理论知识；

（2）善于模仿，能较快掌握所学语言材料；

（3）英语常挂嘴边，有时甚至误导不懂英语者说英语；

（4）常力图用英语思维；

（5）有时在梦中使用英语；

（6）对翻译不感兴趣；

（7）能感觉出别人言语中错误，但常不能予以说明。

2. 理性逻辑类型

（1）重视获得语言的理论知识，以语法分析为主要学习手段；

（2）掌握语言缓慢，发音困难；

（3）掌握语言主要是领会式的，对实际使用语言无特别满意感觉；

（4）通常要通过翻译来理解语言材料，成为重要的学习方法；

（5）基本上不用英语讲话，也不在讲本族语时插入英语词；

（6）梦中从不使用英语；

（7）借助语法知识能发现别人言语中的某些错误。

三、英语能力分析

英语能力常与人的先天禀赋混淆起来，解释为人生来就获得的一种特殊的天赋。实际上人不可能获得任何与生俱来的英语能力。所谓语言天资只不过是一种便利学习语言的生理上的可能性，并不存在现成的语言能力。不经学习不仅不能掌握英语，本族语也同样不能掌握（如无适当的语言环境）。

（一）语言能力

1. 英语语音能力：那些有助于顺利掌握英语语音的能力。其中包括能够区分英语语音（音位）的辨音能力，能准确再现英语语音的发音能力；具备听觉和动觉的控制能力及发音动作的协调能力；具备自动化言语动作熟练及感知和再现英语语调的能力等。

2. 词汇能力：顺利掌握英语词汇也要求具备相应的能力。属于词汇能力的是：有助于牢固记住词的感性基础的形象记忆（听觉的，视觉的和动觉的）；迅速而准确地区别某些近似词的能力；迅速形成新的概念并掌握有关词义区别的能力；迅速理解词的具体（上下文）意义的能力；识记各种英语词组，短语，成语的能力；在感知口笔语时迅速认知和理解词的能力；迅速找出必要的英语词来表达自己思想的能力等。

3. 英语语法能力：包括分辨各种词类和句子成分的能力；觉察英语词结构及语法特点的能力；根据语法规则变化单词并将词连成句子的能力；迅速而准确地辨认和再现各种句法结构的能力；正确使用冠词或其他限定词的能力；正确掌握词的一致关系的能力；具备正写和正读的能力。

4. 英语修辞能力：一是概括这一种或那一种语体词汇和语法特点的能力，二是辨认各种语体并在自己的口笔语中再现这些语体的能力。

(二) 语感

人能够直觉地认识各种各样的联系和关系。当人所感觉到的联系或关系还未被意识到时，直觉的认识只能是感性的。

一是反映词与所标志客体之间（词义基础）的联系与关系；

二是反映语言特征的（语音、词汇、语法、修辞等语言特点）那些联系与关系；

三是反映两种不同语言体系之间的联系与关系。语言联系和关系的所有这些感性反映形式构成巨大而复杂的感性复合体，这便是语感。

(三) 英语思维

对英语思维的心理特性的研究，是从语言与思维相互直接联系形成不可分割的统一这个基本原理出发的。思维只有在这种或那种语言基础上才能起作用。问题是本族语思维与英语思维是否完全相同。就思维形式而言，概念、判断、推理等思维形式和比较、分析、综合等思维过程尽管客观存在的一切对任何人都相同，亦即人们思考的客观内容是相同的，但反映这些现实的主观内容；亦即人们思维中形成的概念和判断却很可能是不同的，这便是思维内容上的差异。这说明英语思维与本族语思维不可能完全相同。不同语言的词所概括的概念内涵与外延都可能不同。别里亚耶夫认为，当人在足够完善的水平上掌握英语时，本族语词和英语言语反应时间没有任何显著差异。只有在人掌握英语没有达到应有水平时才觉察出使用英语的过程有某种迟缓。由此可见，英语同思维的联系并不一定只能是间接的，同样可以是直接的。

(四) 英语的感知

感知是感觉和知觉的合称。感觉是人脑对客观事物的个别属性的主观反映，是知识的泉源，各种心理活动的基础。感觉反映事物的个别属性；知觉是对外界事物、现象的整体进行的直接反应，是人脑形成整体性印象的认识过程，知觉反映整体，并具有选择性，理解性和恒常性等特点。理解和语言及言语不可分割地联系着的那些联系和关系的反映，因而永远是自觉的。理解在生理上乃是第二信号系统的活动，在心理上则以领悟所感知到的对象为特征，从而永远以展开逻辑推理的思维形式表现出来。理解总是词的逻辑的或推理的思维。

(五) 语感的形成

语感的第一个范畴就是反映词与所表客体之间的联系和关系，这便是复杂的语感结构中的词义感。词义感可以而且应该划分为词的基本意义感和词的具体意义感。词的基本意义感反映词与概念的联系。而词的具体意义感则反映存在于词与该词所指称的那些事物或现象之间的关系。

语感的第二个范畴：属于复杂的语感结构的还有语言本身的关系感，首先是词汇及语法的关系感。属于这种关系感的还有许多局部的词汇和语法感。人在实际掌握语言时，都会不假思索地进行词的数量、时间和人称等变化，使用必要的前置词等，所有这些都是根据自己的语感进行的。掌握语言还要求具有一系列语音感和修辞感。我们在使用语言时并不考虑所有这些方方面面。有人计算过，如果我们要把所有这些都考虑到，我们必须记忆二十四条规则，这就需要若干分钟的时间。那我们就要在自己的言语中长时间讷讷难言，也永远听不懂别人的讲话。作为语言内部体系特征的那些联系和关系的直接感性反映是这样的：在语音方面有语言的单音之间以及完整的语音复合体之间的同异感，还有言语的节奏感、动力感、旋律感等各种特点的语感。所有这些语音感的总和可称为语音鉴别力。通常只有在学习语言过程中，特别是在学习英语过程中，人们才会意识到语言的语音特点。被意识到的语言特点形成语音知识，或构成对所学语言语音的了解。当学习者在学习英语语音时，做到使这些知识成为自己语音感的真正领悟是非常重要而必不可少的。在语音方面，除听觉外还有另一种因素——发音感。这种发音感，也可称为发音基础感。在学习英语过程中，要真正领悟作为英语发音基础的所有特点，只有在这种领悟是以相应的发音感为基础的条件下才是可能的。除了词的视、听、动觉结构外，人还具有存在于词的各种形象之间的那些关系感。言语表象包含两类和四种形象，那便是：感觉形象（视觉的和听觉的）与运动形象（发音的和书写的）。言语形象所有的这些感觉和运动的组成部分乃是统一的复杂的联想复合体，是人在使用词时所感性体验到的。

语感的第三种范畴是反映两种不同语言之间联系与关系的语感，这是掌握了好几种语言的人的特征。属于这种语感的基本上是一种语言的语音、语法、词汇和修辞特点与另一种语言的这些特点之间的异同感。这种异同也可理解为两种语感之间，即一种语感与另一种语感之间的异同。因此，人们只有在直觉掌握第二种语言时，才可能存在第三种范畴的语感。

英语语感的形成而言，以下几方面因素是有帮助的：

1. 先天的素质

这些素质本身以机体特别是神经系统方面的解剖生理特点为转移。神经生理机制在大脑半球皮层上具有一定的定位。除一般的听觉区域、视觉区域和动觉区域之外，还存在着对实际掌握语言有直接关系的言语动觉区域或发声区域、言语听觉区域、书写动觉区域和言语视觉区域等，每个区域的损伤都会构成相应的失语症。例如言语视觉区域破坏就不可能阅读；言语听觉区域受损就不能理解别人的口语。但也不能认为这些区域是彼此孤立地发生作用。

2. 语言的理论知识

语言知识在很大程度上有助于语感的形成。力求掌握英语的人在获得关于语言的语音、词汇、语法和修辞特点的理论知识的情况下，语感的产生和形成较学习者企图用直觉的办法掌握语言要早得多快得多。这因为知识有可能成为经常的强化手段，提高感知的效果。但仅仅依靠知识本身永远不能导致语感的形成，没有语言实践它们依然只是些纯词语的，理论的或抽象的知识。

3. 实际运用语言的言语实践

语感最初的产生和以后的发展，只有在相应的实践活动条件下才有可能得到完善。言语实践是形成语感的决定因素。没有言语实践就不可能形成所学语言的语感，没有语感也是完全不可能掌握语言的。总之，要最快形成语感，就要做到：第一，具有一定的学习语言的先天素质；第二，掌握相应的理论知识；第三，具有足够的实际运用语言的言语实践。

（六）英语的理解

1. 语言处理的四个层级

（1）在知觉层级上，我们描述用于编码词的字母组成的一系列眼运动。

（2）在词汇层级上，我们运用识别的字母从记忆中恢复词的词汇表征。这种表征包括词的意义、拼写、发音、词类及其他有关特征。

（3）在句子层级上，我们分析继续展开的言语信息中的句子结构。表中例句包含两个副句，而且从句在前。我们在处理第二副句时，运用工作记忆，储存第一副句的内容，然后形成统一的整个句子的表征。

（4）话语层级上，我们使用层次较高的单位，如语段。从一个例句列表中可在句子层级上识别句法结构，根据句法结构和上下文联系充分理解语义。

人脑中存在着类似词典的内部词汇，从记忆中寻找提取这些词汇的信息称为词汇检索。词汇检索的速度很快，每分钟可听250个词并对这些词有所理解，其中包括知觉处理和理解处理。据估计每个词的检索时间仅150~200毫秒。

①储存词汇：

第一种信息是语音。

第二种信息是有关词的语法信息。先表明其词类，在句子中的地位及与句中其他词的关系，适用于何种结构，动词后是否可有宾语，搭配关系如何，等等。

第三种信息是词汇意义。

②词汇的理解：影响内部词汇检索的因素：词的使用频率。一般来说，词的使用频率愈高，检索愈容易，检索所需时间愈短。关于为什么高频词容易检索的问题，确切的答案是在于与频率有关的另一因素新近性。按照这项假设，新近听到的词较过去听到的词能较

快的恢复。由于常听到的词一般也都是较新近的，似乎频率可以预见词汇检索速度。当然实际上大部分是近现的效果。

③词素的结构。音位表征可切分为词素。词素是具有语法功能的最小单位。英语动词 speaking 是由两个词素组成的，词干 speak 和后缀 ing。后者由于起着语法作用而作为词素，表示动词的进行式。形容词 unlovely 由三个词素组成：un + love 在词汇检索时，音位表征被切分为词素。分析话语中音位表征为词素可提供解决切分问题部分手段。

作用1：常提供话语中语法结构的重要线索。

作用2：它们能帮助切分音位表征为适于词汇检索的单位。当然，内部词汇中是否有必要将词汇分解为词素成分，在很大程度上还取决于词汇的出现频率。经常出现的词，虽然由几个词素组成，但在内部词汇中却很可能作为独立的项目储存。反之，不常用的多词素词则可能以几个词素的形式分别储存。

2. 内部词汇的语义结构

语义结构1：层级网络模式。网络模式认为，词的概念在记忆中以网络形式储存。网络是有层级的。记忆中的每个词都表现为网络中一定层级上的一个节点，并与别的词形成各种各样的关系，构成完整的系统。柯林斯（Collins）和奎廉（Quillian）的研究成果可认为是这种网络模式的典范。显然，层级网络模式中词和概念之间的关系以及与特征之间的关系，实际上都只是一种逻辑关系。人的心理活动不一定按照逻辑关系进行。各种心理因素及其他因素均有可能影响我们实际的语义储存、提取和理解。柯林斯及其他心理学家在原模式基础上进行了修正，提出了另一种模式——扩展激活模式。

语义结构2：扩展激活模式。经柯林斯和洛夫特斯修正形成的这种模式，近年来在认知心理学方面很流行。他们认为内部词汇中词是以关系的网络为表征的，但其组织并不像原来的模式那样有严格的层级。反之，其组织只是接近于由节点相连的网状，节点之间的距离取决于如范畴关系之类的结构特征，这种模式似乎体现了原网络模式及另一种由史密斯等人提出的语义特征模式的某些方面。"概念是作为相连的环节储存"这个观点被保存了，但"所有这些关系是相等"的观点已做修改，认为某些节点较其他节点更易接近，其容易接近的程度与使用频率和典型性等因素有关。语义信息得到恢复的过程也在这种模式中有所修正，不再是通过网络相交，而是在扩展激活过程中产生。激活是在一个节点上开始，然后按平行形式扩展贯穿网络。这种激活经距离而减弱，这就保证了关系较近的概念比距离远的概念更易被激活。此外，网络模式忽视世界知识，语义特征模式则明确区别词的知识和世界知识这两方面知识。这种模式将两种知识结合起来成为单一的语义网络。

语义结构3：语义特征模式。在网络模式中，单词表征作为完整的单位分散在词汇中，另一种方法是作为一束语义特征来表征。史密斯、肖本和里普斯据此提出了语义特征模式：定义和特性。定义特征是一种必须作为概念部分实例提出的特征。特性特征严格说来对范畴成分并非必要，但仍然典型地与词相联系。例如，鸟的两项定义特征是，它们必须有翼和有生命，特性是鸟能"唱歌"。这种模式认为，语义验证是通过两阶段的过程决定的。

第一阶段（定义），主谓语的所有特征均恢复，并予比较而获得两个项相似性的总的估计。如果它们高度相似，我们所做回答是真实的。如果它们高度不相似，我们回答是错的。如果相似程度是中等的，那么进入第二阶段。

第二阶段（特性），这时只考虑定义特征。典型的效果被认为是由于第一阶段中特性特征的操作。因此，A robin is a bird（知更鸟是鸟）使我们恢复了 robin 和 bird 一般相似的特性特征。

第四节 测试与教学

一、英语测试

英语测试是英语教学中的一个环节、一个子系统在英语测试与英语教学的关系上，国内一些专家学者提出由于它们有自己的理论基础和研究方法，英语测试与英语教学应是两门各自独立的学科。杨惠中在他的语言测试与语言教学一文中指出：语言测试是一门跨学科的综合性科学，语言测试又是伴随着语言教学出现的，没有语言教学也就无所谓语言测试。语言教学是第一性的，语言测试为语言教学服务。并且他进一步指出：英语教学和英语测试具有各自不同的目的。对大学英语课程来说，教学的最终目的是使我国大学生掌握英语，获得以英语为语言工具参与国际交流的能力，获取本专业所需要的各种信息；而语言测试的目的则是提供一种科学的测试工具，对学生的语言能力进行客观的、准确的、公正的评价，反映教学中的长处和短处，为提高教学质量服务。

笔者认为关于英语测试与英语教学的关系可以从系统角度分析得到答案，钱学森认为把极其复杂的研究对象称为系统，即由相互作用和相互依赖的若干组成部分结合成具有特定功能的有机整体，而且这个系统本身又是它们从属的更大系统的组成部分。笔者认为，英语教学不仅使学生识记一种语言的语音、词汇、语法等表象语言符号，还要培养学生对该语言的文化、风俗习惯进行了解，并且在英语教学过程中形成每个学生自己的英语学习技能和运用技能。英语测试就是对英语教学效果和学生语言习得的检验。在英语教学这个大的系统中，语言符号的识记、语言技能的培养及其相关的英语测试是在它们相互作用中才能体现其本质和作用，将其孤立起来，也就失去了它存在的价值和意义。因此英语测试正是英语教学的一个重要组成部分，是这个大的系统中的一个子系统。这个子系统还包括如下环节：

（一）命题组的建立；

（二）试题范围、项目、难度、测试手段的确立；

（三）测试；

（四）确定阅卷原则和组织阅卷；

（五）试卷评析。

二、英语测试的分类及其在英语教学过程的作用

英语测试研究涉及心理语言学、语言习得理论、语言学以及系统论等多个学科和领域。英语测试研究关注语言能力的科学测量，也同时关注语言测试对英语教学与学习所造成的冲击作用。自20世纪70年代以来，许多英语语言学家对语言能力的基本因素与语言使用基本能力进行了论述，提出了不同的语言能力模式。在语言行为过程中，所有的因素都必须共同作用，取材于一个共同的语言知识库。语言使用者的大脑具有预期语法判断能力，这种能力帮助语言使用者思考、理解、阅读和写作，判断在某一个特定情况下将要出现的话语是什么。根据这一假想，语言测试应该是检验整体的语言使用能力。

依据英语教学的规律和特点，我们把英语考试测试分为两大类：纵向测试和横向测试。纵向测试又分为初始测试、过程性测试和终结性测试。初始测试可以在新生入学时对学生进行摸底考试，通过考试使任课教师对所教学生的语言基础知识和基本语言技能有所掌握，有利于因材施教。过程性测试包括学生自我测试，教师对学生的测试。教师对学生测试可以通过学生在课堂活动中的表现、课外英语活动记录、网上学习记录等多种形式对学生学习过程进行观察、测试和监督，促进学生有效的学习。终结性测试是一种结业性测试，用来检查学生在学习英语的某一个阶段或最终阶段的学习效果。针对考试内容应该主要考虑两方面：一方面是考试应以英语课程标准和教材为依据，否则教师和学生在平时的教学过程中往往感到无所适从；另一方面是考试内容要兼顾到英语教学的目标和教学任务。这样做有利于促使课程标准的设计能够更加切合实际，考试能够比较科学、准确地反映学生的实际水平。其成绩可作为升入高一级语言课程的参考。

横向测试又分为语言技能性测试和语言基础知识的测试。语言技能性测试主要是针对学生的听、说、读、写、译五项语言技能的考察。检验学生是否达到教学要求所规定的目标。语言基础知识的测试主要是针对学生在语音、词汇、语法和篇章结构等几方面进行检查。有的学者也把横向测试称为诊断性测试。测试的目的是发现学习者的在语言技能和语言基础知识上的强弱，并根据测试的结果来决定是否需要加强某一方面语言技能和基础知识的训练。

在英语测试过程中应注意以下几点：

（一）阶段性考试测试与经常性考试测试相结合

阶段性考试测试如期中考试、期末考试以及每年的大学英语四、六级考试。在阶段性考试测试期间还要配以经常性的考试测试，如平时测验、单元性考试等。这样就使考试测

试形成系统性，并且考试与课堂教学紧密结合，成为整个教学活动的有机组成部分。

（二）综合性考试测试与英语专项技能的考试测试相结合

综合性考试是对教师教学效果和学生的学习效果一种比较全面的检验。首先由有经验的教师组成命题组，对教学的难点、重点进行科学的分析；然后根据教师和学生实际情况进行命题；最后根据考卷反映的问题，做出分析和总结。及时发现薄弱环节，改善教学方法。

（三）定量性考试测试与定性考试测试相结合

在英语考试中，有些考试主要是以定量性分数来体现的，如期中和期末等综合性考试。这些考试一方面是对学生一个学期学习的一个总的评定，另一方面也是对学生语言基础知识的检验。但并不是所有考试都可以用分数来给予定量性评价。英语专项技能，如：听、说、读、写、译五种基本技能用分数来表示很不科学。我们应该用优、良、中、差等用语来给予定性判定。

（四）客观性考试测试与学生自我测试相结合

由学校和教师组织的各种考试是客观性考试测试。它根据教学目标、教学任务等进行考试和测评，相对于学生来说是外在的。为了考试测试更为准确、客观、科学，在进行客观性考试测试的同时必须配有学生自我测试。客观性测试与学生自我测试相结合有利于避免考试测评中片面性的出现。

三、英语测试的操作过程

（一）命题组的建立

任何的教学活动都是以人为中心的。命题组成员素质直接决定测试的成败。在选择命题人员时，应考虑到人员的学历、教学经历、科研水平等情况。

（二）试题范围、难度、测试手段的确立

由于生源地的不同，学生英语水平有很大的差异。例如：在边远山区，因教学设备和教师水平的限制，学生的英语整体水平比较低，尤其是听力和口语比较差。如果针对所有学生都用同样的试题，其结果既不能真实地反映所有学生的英语水平，又挫伤了部分学生学习英语的兴趣和积极性。因此，在命题是试题必须针对不同专业、不同英语水平的学生采用不同范围和难度的试题。力争做到以下几点：

1. 评分能够真实地反映学生的英语水平；
2. 对英语教学具有正确的指导性；
3. 分数具有可比性；
4. 考试内容以语言交际能力考核为核心；
5. 减轻学生对学习英语的压力。这样可以充分调动学生学习英语的积极性。促进英语教学的良性发展。

（三）测试

（四）确定阅卷原则和组织阅卷

阅卷评分要客观准确，尤其是主观性试题更要明确具体的评分标准，评卷记分要始终如一，防止因评卷人的心理状态、卷面的整洁情况、客观环境等因素影响评卷质量。

（五）试卷评析

阅卷后，应针对以下几个方面进行试卷评析：试题范围、试题的难度、主观题与客观题的比例、题量与题型、分值的分布以及试卷用语准确与否。形成材料并写出总结报告，作为下一次的考试出题的依据。

英语测试是教师和教学管理者系统地获取学生个体发展和教学反馈信息的重要手段。通过考试，教师和教学管理者可以了解和检查学生掌握课程标准所规定的语言知识和语言技能的深度、广度和熟练程度，使学生能了解自己的学习情况。考试也是对教师的教学活动以及教学计划、课程标准所体现的教育目标的检验，同时也是检验教师的教学工作，了解教学效果，总结教学经验，改进教学方法的重要途径。因此，我们每一位英语教师应该重视英语测试在英语教学的重要地位。

第四章 大学英语翻译课程教学模式的发展

第一节 国外大学英语翻译教学模式

近几十年来,很多国家极为关注翻译教学的研究和发展,培养了大批翻译人才,提出了不少有关的理论和实践问题,翻译教学体系不断发展并逐渐走向完善。然而,由于种种原因,我国的翻译教学发展并未得到应有的重视和足够的研究,仍存在许多问题:课程设置随意性强,教学计划较为混乱,很难达到既定的教学目的等。如果想尽快地弥补这些差距,就有必要借鉴一些先进的理论和方法,博采众长,以其建立一个严谨的翻译教学体系。

一、英国翻译教学模式

英国本科阶段开设翻译专业的大学不多,大约只占1/3。研究生层面的翻译教学比重偏大,教学培养模式呈多元化趋势,而且不同类型的翻译教学由于培养目标和培养方式的差异,在课程设置和师资配置上不太一样。纵观近几十年翻译教学的发展,英国的翻译教学可粗略地划分为下面四种培养模式:

(一) 以会议翻译(口译)培训为主的职业培训模式

此是各大学举办的翻译培训班,学习结业后发翻译证书或翻译文凭。这类学校继承了法国巴黎高等翻译学校的培训模式,培养对象以口译或会议翻译人才为主。这类教学积极应用达尼卡·塞莱斯柯维奇(D. Seleskovitch)的释译理论,将翻译视为交际行为而不是交际结果,注重翻译中译员的心理过程。此外,译者被看成画家而不是摄影师,译者必须传译的是原作的思想而不是词句和语言结构,也就是说,翻译的单位是篇章,是话语,而不是词或句子。这类学校注重技能训练,强调训练程序与方法。教学中重视培训译员听匿篇章的意义、分析内容,利用形象化等手段记忆信息内容,归类、听懂并记住数字,复活大脑的被动记忆,并学会一边听,一边译,使语言表达清楚准确。教授翻译的人员大多是职业会议译员或译者,同时懂得教学法:要求学生的第一英语或第二英语达到理解无特殊困难、母语表达准确、贴切、娴熟的程度,其智力和分析综合能力及文化修养应达到较高水平。课程设置除了即席翻译和同声传译外，还讲授经济、法律、语言学、翻译理论等课程。为保证学生熟悉未来职业，学校常邀请一线的口笔译工作者来校讲学以保证学生与该行业职业者接触，并常在毕业前安排学员赴校外相关机构或国际组织进行实习。

(二) 威尔斯 (W. Wils) 的语言学理论模式

这种模式主张将专业知识的翻译视为应用语言学的范畴。在四年的翻译教育中将语言的学习与翻译技巧的训练结合起来，培养复合型翻译人才。以赫瑞-瓦特大学（Heriot-Watt University）语言学院苏格兰口笔译研究中心为代表，其培养目标、课程设置和教学方法充分体现出翻译语言行为的理论思想与特点。口笔译研究的培养目标是使语言学的毕业生掌握宽泛的口笔译特殊技能，以适应多种职业的要求。其博士学位的主要研究方向是口笔译研究、话语语言学和交际学。口笔译研究中心开设的主要课程有对比语言学，翻译理论，准备和现场翻译，笔译研究，会议与联络翻译，改写、编辑、摘要与校对，科技与翻译，双语社会与文化研究等。

然而，口笔译研究中心的教学内容并不严格地局限于狭隘的翻译，除了语言教学、应用语言研究之外，还要求学生学习社会、文化、政治和经济方面的知识。口笔译专业的研究方向也十分广泛，如技术翻译、机器翻译、文学翻译、媒体翻译、会议翻译、联络翻译和翻译理论等。

(三) 功能主义理论的培训模式

以弗米尔为代表的翻译功能学派主张考虑译者的翻译环境，不能将翻译局限于语言学或文学的狭隘层面。译者应在跨文化的交际中发挥相应的功能。采用此理论的教学机构在翻译领域或语言学领域的学术实力较强，往往采用学院式培养模式培养专家学者型的翻译研究人才。沃里克大学（Warwick University）英语与比较文化研究中心是这类培养模式的代表。沃里克大学始建于20世纪60年代中期，该校的英语与比较文化研究中心始建于1977年，如今已是英国最大的翻译研究与教学基地，能够授予翻译研究的学士、硕士和博士学位。从中心的名称可以看出，该校的翻译教学与文化的研究紧密联系在一起，教师都是翻译家，其研究兴趣几乎涵盖了文学和文化的各个方面：翻译理论与实践、翻译史、后现代主义批评、马克思主义批评、美国文学、文艺复兴时期的诗歌、英国黑人文学与文化、妇女文学、加勒比海地区研究、后殖民主义文学、爱尔兰研究、英伦三岛比较文学等。课程设置包括核心必修课、选修课和论文写作。翻译研究生的核心必修课包括"翻译与接受研究"和"翻译理论史"。前者将翻译视为"文学变化与发展的塑造力量"，分析考察"不同文化之间文本的传播过程"，考察翻译在文学系统中引进新观念、新形式、新类型的方式，并且考察不同文化的读者接受文本的方式；后者旨在考察翻译理论的起源、翻译态度的变化，以及翻译评价标准的变化和翻译实践模式的变化。翻译研究的选修课程极其广泛,主要有以下几门:诗歌与翻译、戏剧翻译、翻译与性别、翻译与后殖民主义、学习方法论与研究技巧等。学生通常要求具有相关领域的知识与经历,并具有相应的学位。可以看出,沃里克大学主要采用学院式的培养模式,培养学术型的翻译人才。翻译类型侧重于笔译,特别是人文和社会科学的翻译,自始至终强调翻译的文化功能、社会影响与接受文化的态度与作用。

(四) 计算机辅助教学模式

计算机辅助教学已经在越来越多的学科和课程中得到应用,尤其是计算机智能辅助英语教学,从理论到实践都有令人兴奋的效果。这里以曼彻斯特大学理工学院为典型来研究其教学特点。该校的翻译教学设在语言工程系,是现代高科技、计算机、语言教学、翻译等学科的综合性教学。该系不仅授予翻译研究的科学学士、硕士、博士学位,而且授予机器翻译的硕士学位。曼彻斯特大学理工学院的语言工程系与其他大学的语言学系或现代语言系的区别在于,该校不仅重视学生的语言技巧、翻译能力,而且强调语言知识的作用,强调对不同语言的学习与训练,掌握语言学习的规律。他们认为,纯粹的语言能力在漫长而多变的市场需求和个人的工作经历中很难使学生永远立于不败之地。学生只有牢固地掌握语言学习的规律、方法与使用技巧,才能更好地迎接挑战。以该系开设的术语学课程为例,学生要求掌握术语学的理论框架,利用计算机对术语语料进行分析研究,建立概念结构,认识不同使用者对术语的不同要求以及术语对信息处理系统的重大作用。

所以,该系的毕业生深受市场欢迎,许多人成为术语学的专家、词汇学专家、词典编纂者和文献学专家。该系有关翻译的课程十分丰富,而且富有特色:翻译语言学、翻译方法论、译者信息技术、口译研究、机器翻译、机器翻译评估、计算机辅助翻译、翻译理论、理论语言学、形式语义学、计算词汇学、语料语言学、术语学、言语与语言处理、人工智能以及自然语言处理等。更值得一提的是该系是英国最大的计算机辅助语言学习基地,研究领域涵盖了语言学习、语言学和计算机语言学等纯理论研究和应用研究,主要研究课题包括语言工程、理论语言学和翻译研究。

二、法国翻译教学教学模式

在法国的文化生活中,翻译有着举足轻重的地位。随着社会的发展与国际交流的日益频繁,翻译将占有越来越重要的地位。在法国,直接或间接从事各种翻译的人员也越来越多。培养译员是一项重要的任务,法国在翻译人才的培养方面,积累了相当多的经验,翻译教学比较受重视。

法国的翻译教学可以分为职业翻译培训、与其他专业方向配合的翻译教学和以教授语言为主要目的的翻译教学。按照心理教学法理论,"教学目的、目标、方法和手段不能从一个专业照搬到另一个专业，而应该对其进行思考，以使其适应当前教育遇到的新形势"。培养目标不同，教学内容、方法和手段必然各异。

(一) 以职业培训为目标的翻译教学

1. 巴黎高等翻译学校

该校专门为联合国教科文组织、北大西洋公约组织等国际机构培养国际会议译员和笔译人才，学生来自全球的各个国家，涉及四十多种语言。该校招收对象为文、理、法、社会学各科大学毕业生，新生没有数量限制，但入学考试十分严格，除对翻译需要的相关能力的考查外，还对其未来将适用的工作语言水平要求很高。学校下设三个系：口译系、笔译系和研究生系。口译系学制两年，第一年学习即席翻译，第二年学习同声传译，同时开设经济、法律、语言学、翻译理论、术语学等课程，每周总课时大约 24 小时。笔译系学制一般为三年，第一年开设基础翻译课，第二年开设经济翻译课，第三年开设科技翻译课，同时开设口译系翻译除外的其他课程。两个系还同时开设母语及英语进修课（每门 1.5d，时/每周）。两年或三年学业期满，考试及格或论文获得通过者分别发给"会议口译人员高等专家毕业文凭"和"笔译人员高等专家毕业文凭"。学生毕业后，大部分投考各国际机构的翻译部门，也有一部分毕业生为了工作自由不投靠国际机构而分别向各国有关机构申请自由译员的工作执照。70 多年来，该校为联合国、欧盟以及西方各国的外事部门培养了一批又一批的高级翻译人员。

巴黎高等翻译学校以塞莱斯科维奇的翻译理论为翻译教学的理论基础，该派理论运用语言学、逻辑学、心理学的成就来阐释翻译的理解和表达过程。其核心思想正是对穆南、贝尔尼埃和阿尔比的语言学译论的继承。这一核心思想就是：翻译的主要目的是译意，而不是原语的语言外壳；提倡在翻译中进行"文化转换"。翻译理论提出的翻译程序是：理解、脱离原语语言外壳和重新表达。不可否认，这一翻译理论体系在培养高级口译人才方面是十分有效的。巴黎高等翻译学校的一个重要特色，就是极为重视翻译教学理论的研究，推出了一系列翻译教学研究专著。在翻译教学理论研究方面，针对翻译教学的性质、特点、目标、方法，进行了较为系统的探索，提出了许多富有启迪意义的观点，总结了可以借鉴的经验。比较有代表性的成果有杜里厄的《科技翻译教学法基础》、拉沃的《翻译在语言教学法中的作用》、巴拉尔的《翻译——从理论到教学》《大学中的翻译：翻译教学研究与建议》、勒菲阿尔的《笔译推理教学法》等。

2. 雷纳第二大学

该校颁发多语种多媒体交际工程学职业文凭。其用十年左右时间发展起来的"语言和技术"专业主要为翻译机构或公司培养英法德笔译人员。这所学校的培养模式同布鲁塞尔玛丽·哈蒲斯自由学院接近，但不培养口译人员。学生毕业后以担任翻译、审校、译审、项目负责人等为主。该校的特点是把翻译教学同计算机的使用和专业术语研究及企业需求紧密结合,例如,该校于 2004 年 8 月出版了《奥林匹克英法实用词典》。该专业指导教师出版了翻译理论研究专著十几部,研究成果丰硕。

雷纳第二大学教授瓜岱克在他撰写的《描述翻译和概要翻译》中根据职业翻译特点和程序提出了渐进式的翻译教学模式。描述翻译旨在寻找文件所有重要线索,说明理解阐释文本的环境和条件,找出并翻译关键词,说明主题或主要议题;概要翻译在于使用与文件语言不同的语言提供简要明快的主要内容和情况。按照瓜岱克的说法,描述和概要翻译是所有翻译不可或缺的基本能力,是职业翻译的最佳模式。从教学法的角度讲,这是尊重学习进度的理智方法,可以帮助理解要翻译的文件,建立合理的术语库。译者通过资料查询进行跨文化、跨语言实践和审校实践。

该校翻译专业确定的培养目标是:毕业后能在翻译公司或类似机构承担职业翻译、译稿审校、专业术语研究、信息管理、项目管理等工作。该校"多语言多媒体交际工程学",把翻译培训同广泛意义上的交际和信息传输结合起来,把翻译训练同术语研究结合在一起。换句话说,每一专业翻译训练结束后,学生都要将该领域术语输入计算机进行处理,以供有关企业和个人使用,或编辑成字典出版。

随着因特网的广泛应用,不少大公司希望随时从全球各地的网站上了解行业信息,因此对翻译有了新的需求,他们通常不是让翻译公司完整翻译网上的内容,而是要求译者采用"描述"或"概要"形式对原文进行适当的压缩和摘编,即编译、摘译或译述等,然后视信息情况决定是否需要翻译全文。这也是"描述"和"概要"翻译训练进入培训内容的原因之一。

(二) 专业翻译研究与翻译培训

1. 里昂第二大学

该校的语言学和应用语言学专业将语言学同术语研究紧密结合,术语研究重点是医学(以医药学为主)和环保专业。硕士生在学习相关专业的同时在导师指导下从事以法英、法阿、法德为主的双语术语翻译研究。该校与国家科研中心合作,和下属的二十多所研究教学单位在以上两个领域的术语研究成果在国内外都享有盛誉。毕业生可以直接进入相关领域从事教学、翻译或其他工作。里昂第二大学为语言学系或商务及法律系的研究生开设了专业口笔译课程。其授课方法为职业翻译培训,强调翻译思维能力的训练和方法论的应用。

2. 卡昂大学

该校开设法律、人文、语言、自然科学等专业,颁发硕士和博士文凭。人文科学下设的跨学科人文科学研究中心培养硕士和博士生。课程以心理语言学、生理学、口译心理和认知科学为主，最具特点的是从跨学科角度研究语言、认知和非语言因素对儿童语言发展及对交际的影响，近几年对会议口译程序的认知和心理语言学研究取得了初步成果，在翻译界和心理语言学界产生了一定的影响。

(三) 教学翻译——语言教学的一种手段

法国另一些学校也开设翻译课程，但其目标并非培养职业翻译人员。参加培训的学员毕业后可从事职业笔译，也可从事与翻译没有直接关系的工作。里昂第二大学的英语语言应用专业、拉罗歇尔大学亚洲商务专业、蒙彼利埃第三大学英语语言应用专业、里昂第三大学英语语言应用专业、埃克斯一昂一普罗旺斯语言学及英语语言应用专业、东方语言学院语言和文化专业等均属于这种情况。翻译在语言教学中只是一种教学手段，目的是帮助学生理解原文的语法、词法等，逐渐用准确的英语表达思想。随着翻译学研究的不断深入，语言教学更多地引进交际法，课堂上出现了"模拟"交际场景，原来的单词翻译扩展到句子，句子翻译扩展到连贯的短文翻译，而且教师也在翻译前提供与交际场景相关的信息，更多地注意翻译过程，改善教学环境，学生在交际中学习和掌握英语的速度逐渐加快。

三、德国翻译教学模式

德国有着良好的翻译理论传统。德国功能学派的研究对后续的理论研究以及翻译教学都有深远的影响。

(一) 基于现实生活的文本翻译的翻译教学模式

与英国相比，德国的大学一直是注重翻译专业人才的培养，并认为每个人都应该享受大学层面的教育。这种专业的教育使得学生要在学校里花上很长的时间。例如，一个想要接受培训后成为教师的学生要在学校里花上四年半的时间，这还要看学校类型以及学生走完整套教学体系所花的时间，实习教师要在学校里实习两年，才能成为合格的教师。然而，大学所提供的这种学术训练并不见得是为将来的专业需要所设计的。英语教授实际上是英国文学教授，而文学作品的选择也是因教授的个人研究喜好而定的，并没有考虑课程要求。一般认为，学生的语言能力在入学前就已经获得。在这种情况下，学生语言技能的提高或被视为无用的装饰。在1981年做的一项有关语言课程的调查显示，大概有三分之一都是翻译——译出或译入，而学生的语言能力并没有得到提高。考试通常采用改写与翻译的方法，考试用的文章可能是从某一文学作品中抽取。整个考试不允许用字典。改写是考查学生运用英语的能力；翻译是考查学生对英语的理解力和改写成母语文章的能力，但这种考试并不能考查翻译能力。

随着经济全球化的进一步发展，国际的交流与合作不断加强，德国的翻译教学也开始与之前的那种翻译模式、纯文学翻译的英语教学分离，转为基于现实需要的文本翻译的教学模式。这种翻译教学模式并不是要培养专业的翻译者或口译者，而是为了使所有专业语言研究人员能够具有处理日常的或非正式的翻译的能力，并能够监督公共的或正式的文本翻译的质量。对于在训练时翻译文本的选择，也应该是那些在真实生活中可以或应该被翻译的文本，比方说某个特殊的客户所需要的，某个特殊目的所需要的，或是要对某个特殊观众所说的文本，这样一来学生就可以处理真实的翻译任务了。在翻译课上，教师可以和学生共同探讨所选择的文本，以及其被翻译的必要性；它的可能读者；为适应目标读者需要，译者要对该文本做哪些调整等。任务可以由小组成员合作完成。那些在翻译中可能遇到的问题，比如数字、数据的处理，特定时间，人名、地名，文章修改，文化内容等都可以加到翻译教学中。德国的杜伊斯堡大学也采用了这种基于现实生活的文本翻译的翻译教学模式。

这里的学生只有英语专业水平达到一定高度才可以开始翻译工作。第一学期是翻译基础课程，学习翻译的各个方面。比如对不同词汇项的翻译，如何合理使用字典和其他材料资源，对文化因素的翻译，如何调整文本以适应特定读者，语域分析，文本类型，相同文本的不同翻译等。之后的两个学期要学习德译英和英译德。最后一学期是选修课程——学生翻译工作组。这个课程的教师一般都是目的语的本族语者。学生可以在翻译过程中发现很多专业翻译所遇到的问题，并且可以学习如何使用参考资料以及如何加快翻译速度等。

基于现实生活的文本翻译的教学模式也是值得我国大学英语翻译教学学习的。文学翻译对于大学英语系的学生来说难度较大，并且对于未来职业需求意义不大。在我国进行大学英语翻译教学时，可以根据学生所学专业和未来职业需求设计翻译教材，翻译的文本可以是科技、商务、旅游和法律等内容。

（二）基于培养文学翻译的翻译学院——杜塞尔多夫大学

以上提到的基于现实生活的文本翻译的翻译教学模式是为了培养更多的具备一定翻译素养的专业人才。在德国，由于所处地理位置、地缘政治和历史等原因，德语和德国民族文学的形成与发展在很大程度上得益于外国文学的翻译，因此文学翻译也占有一定的市场。德语文学史上的许多著名诗人、作家，从歌德、席勒到霍夫曼斯塔尔、里尔克、格奥尔格，到第二次世界大战后的埃里希·弗里德、伯尔、汉特克和恩岑斯贝格尔，都曾翻译过外国文学作品，为外国文学在德语区的传播做出了贡献。按翻译作品数量计算，德国远远超过英、法等国，但是翻译作品的质量不尽如人意。受传统观念影响，译事不为学界看重，译者的社会地位较低，报酬也偏低，多数情况下不能靠翻译稿酬维持生计。1987年，在正规的高等教育中没有设置专门培养文学翻译人才的专业，对外国文学作品的书评也很少涉及翻译本身的问题。

针对上述情况，杜塞尔多夫大学文学院以法国文学专家尼斯教授为首，汇聚了对跨国界、跨文化的语言与文学交流及翻译理论感兴趣的一批教师，深感有必要成立一个新的专业，制订完备的教学计划，更科学、更系统地培养文学翻译人才。他们认为，面对不断扩大的职业需求，传统的、通过自学摸索的方式造就文学翻译人才的办法，无论对译者、出版社和读者都是事倍功半，不能再继续下去了，这一重要的跨文化传播工作的职业化已刻不容缓。

杜塞尔多夫大学文学翻译专业教学计划规定，学制（包括毕业考试）为4年3个月，达到毕业要求须完成的课时为160个学期周课时（修读一门一学期、每周2课时的课程可获2个学期周课时）。其中必修课和限制性选修课计148个学期周课时，与其他文科专业相比，任选课比例稍低一些。完成教学要求、通过毕业考试者获"硕士翻译"学位。可供选择的英语为英、法、西、意，因为这四种语言的译本占全部翻译作品的五分之四。学生需从这四种英语中选择一门主修专业方向和一门辅修专业方向（英法两种语言中必选一门），另外还必须辅修德语（目的语），作为第二门辅修专业方向。主修英语占总课时的一半，共80个学期周课时，两个辅修语种各占40个学期周课时。这就是说，学生至少须掌握两门英语，能翻译两种语言的文学作品。文学翻译专业十分注重理论与实践的结合。教学计划规定，每个专业方向（包括主修和辅修）的教学都包括理论性课程与实践性课程两方面。以主修专业方向为例，学术性、理论性课程必须修满36个学期周课（必修课），其中语言学和文学各占16课时，具体课程有语言学导论、语言史、20世纪语言、词汇学、语义学、句法、语言变体、文学导论、文学史、20世纪文学、语篇分析基础、文学的接受、类别文学专题等，翻译比较占4课时。语言与翻译实践课必修课与限选课共需修满32课时，具体课程有语法对比、词汇对比、成语对比和大量的文学翻译实践课，以外译德为主。这里，文学的概念比较宽泛，既包括严肃文学和消遣文学，也包括讲究文笔的人文科学文章。在翻译实践课中，学生要练习翻译各种文学门类和体裁的文章，如散文、小说、随笔、韵文、戏剧、舞台剧、广播剧、影视作品以及论说文等。到高年级时，每个学生都需选择一个重点领域，深化提高。另外还有跨语种的、以翻译学中普遍的共同问题为内容的课程（占8课时），如翻译导论、翻译理论、翻译史和翻译工作者职业概貌。特别要指出的是，该专业在传授理论知识中，力求避免为理论而理论的经验式教学，注重从实践中总结出来，又能反过来指导翻译实践和翻译批评的理论。正像负责文学翻译专业的院长代表尼斯教授强调指出的那样："大学学习不能代替实践，但我们力求给学生贴近实际的理论，传授技能和背景知识。"培养学生的独立工作能力，提高他们在劳动市场上的竞争力，使他们尽快适应毕业后的职业工作，把所学理论知识应用到实践中去，是该专业办学的指导思想之一。

第二节 以学生为中心的英语翻译教学

一、"以学生为中心"教学的概念

"以学生为中心"的教学是由于翻译教师仅作为知识的传授者和指导者的角色已远不能满足教学的需求,因此教师应通过多种途径突出学生的中心地位,形成课堂上的新型师生关系的一种教学模式。这种教学模式认为翻译是对两种语言的创造性运用,因此翻译活动应涵盖在交际框架下的语言活动、文化活动、心理活动等内容。这种教学模式重视英语翻译教育的发展趋势,特别重视翻译教学环境和学生作为教学主体这两个因素。由于翻译教学环境趋向于提倡、建立一种交际性的课堂教学形式,也就是要努力创建一种能培养学生独立开展创造性语言转换以及语言交际的环境,因此也就应该特别重视社会背景和文化迁移在翻译教学中的作用。此外,这种教学模式认为教不应再被认为是翻译操练中的带头人、翻译材料的介绍人或译文好坏的评判者,而应在翻译教学的过程中,明确学生才是积极的创造者,而不是消极的接受者;要重视学生的不同个性、学习风格、学习策略以及在学习过程和学习内容上的学生智力因素。总而言之,以学生为中心的翻译教学就是要充分重视学生在学习过程中的积极作用,充分调动学生学习的积极性和自信心,要尽量让学生自己控制学习内容和方法,鼓励学生参与到教学活动的各个环节中来,鼓励学生更多地对自己的学习负责。

二、"以学生为中心"教学的特点

(一)教师引导,学生为主体

在传统翻译教学模式中,教师通常会处于相对的权威地位,所以人们常常可以看到教师在台上一板一眼地讲,学生在台下不停地记笔记,这也是一种"填鸭式"的教学方法。而"以学生为中心"的教学模式则要求实现教师角色的转移,也就是要将教师角色由主演转变为导演,从而更好地引导、辅助学生学习翻译;而将学生转变为主演,将翻译知识掌握并付诸实践。

(二)教师和学生融洽合作

"与传统翻译教学模式'以教师为中心'不同,'以学生为中心'的翻译教学模式强调翻译教学过程中学生的主体性。认知理论认为,教学不是知识的'传递',而是学生积极主动地'获得'。"在"以学生为中心"的翻译教学模式中,教师与学生应形成积极的合作关系,也就是说双方应扮演翻译教学中的合作者。

实行"以学生为中心"的教学模式并不代表教师失去权威性,而是仍要以教师作为课堂活动的引导者,采用多种途径突出学生的中心地位。传统的教学法一般是"以教师为中心"的教学方式,这种教学方式通常"将改错作为教学手段,将教师提供的参考译文作为翻译课的终极目标,不符合真实情况下翻译的本质特点,在一定程度上扼杀了学生学习翻译的主动性与创造性"。可见,传统的翻译教学方式由于过分依赖教师的主导地位,从而在很大程度上忽视了学生的主体地位,也就很难激发学生的积极性,学生不仅没有选择回答问题的权利,而且教师也很难把握及满足学生的真实需求。

"以学生为中心"的翻译教学模式,首先便是让学生在"译"中学习技能。同时,翻译是一门理论与实践相结合的课程,王鸣妹在自己的论文《如何改进英语翻译教学》中提出了"好的理论以实践中获得的材料为依据,好的实践又以严谨推断出来的理论为指导……"的观点。他认为学生在学习英语翻译的过程中要以理论为基础指导,通过大量的实践练习和与参考译文对比来使他们更好地掌握所学的翻译技巧,从而进一步提高翻译能力。

正如黄青云在其论文《翻译观念与教学模式也应"与时俱进"》所说的一样:"新的现代教学理念认为,在翻译课上,是先鼓励学生去译,在'译'中学习。也正是因为学生在译的过程中,需综合运用原有的知识经验,查阅工具书以及其他相关资料。"所以,学生可以从新的角度去思考和考虑已学过的内容,并能有时间去理解这些理论和翻译技巧或方法,最终达到掌握相应知识和积累经验的目的。例如:

But I was also struck by something else: that among all those decades' worth of family documents my parents had looked through, the delivery bill was the only thing they thought of sufficient interest to pass along.

几十年来,我们家积累下那么多的单据,仔细看过之后,我父母的唯一有保存意义的就是那张接生费用账单。

在刚开始翻译时,大多数的学生会将 document 译作"文件、资料、票据"等,但经过认真查阅词典才发现,document 在英语里的意思是 a writing that conveys information。结合这里的语境分析,准确的翻译应为"单据"。

(三) 共同参与评价

"以学生为中心"的教学方式要求改变传统的以教师为主体的评价方式,并要实现评价主体多元化,组织学生间、师生间的自评和互评相结合的多层面评价方式。至于如何将评价权利充分赋予学生的问题,则应通过以下几个步骤来实现:

1. 教师应先将学生分成若干个小组。
2. 在完成一种翻译方法或技巧详解和示例后,教师应给学生们布置课前选定的相应翻译练习。

3. 学生完成练习之后，可以考虑进行小组讨论进而评选出能够获得小组成员共同认可的好译文。

4. 教师检查完各小组译文之后，应对其分别加以评价，并指出这些译文中的翻译较好的部分和不妥之处。

5. 最后教师还应为学生提供参考译文，并鼓励学生指出其中可能存在的不足之处，进而实现师生共同探讨某种译法的效果。

例如：Rocket research has confirmed a strange fact which had already been suspected there is a high temperature belt in the atmosphere, with its center roughly thirty miles above the ground.

教师应给出"通过火箭研究已经证实了人们早就怀疑的大气层中有一个中心在距地面约 30 英里的高空的'高温带'的这种奇怪的事实"的参考译文。

学生可以根据英汉长句转换原则，将英语的"树状形"结构转换成汉语的"波浪形"结构，也就是将英语长句译成汉语的若干短句的方法，认为参考译文翻译得比较拗口，通过探讨，可以得出较佳译文：

①利用火箭研究，人们证实了早就怀疑的一个奇怪事实，即大气层中有一个"高温带"，其中心在距离地面约 30 英里的高空。

②人们早就怀疑，大气层中有一个"高温带"，其中心在距离地面约 30 英里的高空。利用火箭进行研究后，这一奇异的事实已得到证实。

(四) 重视学生独立翻译能力的培养

"以学生为中心"的翻译教学模式的目的是培养学生独立的翻译能力，而不是只教学生学会翻译某些句子或文章。这种教学模式重视翻译过程，旨在通过教师的指导，帮助学生学会如何理解原文，并且通过恰当的技巧来表达自己的译文。此外，为了树立学生的自信心，教师必须对学生的作业持积极的批改态度。

三、"以学生为中心"教学的活动安排

(一) 开列阅读书单

由于翻译是一项实践性较强的活动，所以在翻译教学的所有阶段都必须重视实践练习环节，翻译课程安排则应以实践活动为主线。但也要重视理论指导实践的重要作用，应当清楚的是，如果离开了科学的理论指导，也就没有办法采取高效的实践活动。所以，为了帮助学生在较短的时间内掌握科学的翻译理论知识，教师向学生推荐阅读书单是一个很好的办法，教师可为学生开列如《翻译简史》《翻译理论与技巧》《中英文化习俗比较》等方面的书籍，学生们可以通过这种方式学会用普遍的原理来处理个别的实例，之后再经过教师的指点，学生就可以将实例接通到理论上去，做到真正的融会贯通。

（二）多进行笔译、口译练习、消除文化障碍

学习口笔译的学生不仅要具备坚实的双语素养、文化知识和运用翻译策略的技巧。特别是在口译教学中，跨文化沟通认知对学习口译的学生十分重要。许多口译初学者在翻译过程中出现错译或误译，并非因为他的语言能力欠缺，而是因为他遇到了无法解决的文化障碍。所以，只有进行不断的翻译实践，才能消除可能出现的文化障碍。

（三）采用多媒体教学手段

由于语言运用是一种多感官的体验，可以通过不同的媒体或者不同的感官渠道传输语言信息，所以很有必要采用现有的多媒体技术进行英语翻译教学。目前很多的学术讨论会、记者招待会或者国际之间的互访宴会等都会采用同声翻译录像、光碟，在翻译教学中就可以利用这些录像、光碟，来创造模拟的现场效果，从而进行英汉或其他语言的互译实践。

四、"以学生为中心"教学的不足

"以学生为中心"的翻译教学模式并不是十全十美的，它同样存在以下局限性：

1. 如果同一组学生在一起讨论问题时间过长，一些学生的精力就会逐渐开始分散，有时候他们会讨论某些个人的事情，忘记了正在进行的问题。

2. 这种方式会助长部分学生的惰性，特别是那些经常处于中下水平的学生，他们会依赖小组成员，而不去思考，他们常常只会等待其他人来回答，也就是说会造成"窃取他人成果"的现象。

3. 这种教学模式会让部分学生感到困惑，尤其是那些处理语言解码和语言编码能力较差的学生，这种教学方式会使他们对自己的翻译能力感到自卑。

第三节 翻译教学中应注意的环节

一、技巧知识传授与理论知识讲解相结合

大学英语的翻译教学大都以教授翻译技巧和翻译知识为主要内容。但是，如果教师能把翻译理论融会贯通在技巧和知识的传授中，则会有助于学生在翻译实践中学会独立解决问题，通过理论分析克服实践中遇到的困难，认识翻译活动的基本规律，尽快提高自己的

翻译实践能力。就非英语专业课程而言，大学英语精读课中的单句或段落翻译练习是基础阶段综合训练的一个非常重要的组成部分。大学生有一定的英语基础，又有较高的汉语修养，如果教师能在授课中增加一定的翻译理论指导，对学生稍作点拨，便会收到事半功倍的效果。

二、翻译能力与其他能力的提高相结合

翻译教学是包括理解与表达的教学，涉及英语的理解能力和汉语的表达能力。对学生翻译能力的培养，不应只依赖单方面的翻译理论及相关知识的传授和技巧的训练。听、说、读、写、译五种语言基本技能不是孤立的，而是相辅相成的。所以在语言教学中，培养翻译能力还要从诸多方面入手，通过加强词汇和语法教学，夯实学生语言学习基础；通过精听、泛听、精读、泛读训练增加学生的语言输入，为语言输出做好质量上的前提准备；通过加强中、西方文化的对比分析，培养学生语言学习和运用中的文化意识，提高文化素养。

三、阅读的"面"式教学与翻译的"点"式教学相结合

翻译教学与阅读教学有着紧密地联系。阅读和翻译对理解的要求不尽一致，对阅读的要求是理解准确率不低于70%，而对翻译准确率的要求则是100%。因此翻译教学是以阅读教学为基础，翻译教学经常融于阅读教学中。在阅读教学中进行点式翻译教学，对于阅读教学的深化大有裨益。阅读教学中一部分学生不求甚解，对难句、关键句或难度较大的段落含义不甚清楚，因而要通过翻译表达的反作用，加深学生对原文的理解，进而完全消化吸收。将翻译教学有机地融入阅读教学过程中，作为阅读教学过程的一个环节，也将传统的语法翻译教学法与现代的交际教学法有机结合起来，使之相得益彰又各取所需。

四、英语理解的准确性与汉语表达的审美性相结合

尽管大学英语翻译的教学和测试标准主要是考查学生的准确理解力，但表达的问题也不可忽略。表达水平直接反映对原文理解的程度和翻译的质量。理解的程度只有凭借表达，才能得以显现。虽然大学英语教学对翻译教学在语言形式上要求并不很高，但翻译作为一种语言活动必然涉及审美问题。在翻译过程中，审美意识是一种积极主动的心理活动。对翻译语言作美学上的评价和欣赏，必须把语言所表达的思想感情内容与语言形式统一起来，把语言表达与交际语境统一起来，才能对文本语言做出恰当的审美判断并获得美感。语言审美包括语音、文法、修辞等方面。在翻译教学实践中，学生自身因忙于做抽象的词义及语法分析而忽视语言审美，教师需要在讲授翻译知识和技巧时，注意唤醒学生的审美意识，引导学生在理智分析语义的同时，联系具体语境中的语言形式、交际场合、交

际目的等诸多因素，进行具体或整体的感性理解。要说明的是，大学英语翻译教学毕竟不同于其他类型的翻译教学，审美意识的渗透和培养要适时适量，不可喧宾夺主。翻译教学作为大学英语教学的一个重要组成部分，应当予以充分重视。本节简要分析了翻译教学中的一些现存问题及应注意的几个环节。另外，教师应更深入地钻研教材，更合理地设计教学方法，学生也应端正对翻译的学习态度，积极配合教师，扎实、勤谨地进行翻译练习和实践，以达到教学互动、教学相长之境界，使学生的实际翻译能力和水平得到实质性提高。

第四节　翻译教学中实践应用

翻译理论的重要性更体现在它对翻译实践的指导意义上。古人云：凡事需由其途，得其法，方能终其果。英汉互译自然也需要科学理论的指导，此处的理论其实就是翻译实践的必由之路和原则法度。"翻译实践水平的提高，不能依靠提高劳动强度，只能依靠与自然科学和社会科学水平相适应的理论指导。"翻译理论的启蒙性、实践性与指导性不容我们忽视对其基本理论的传播。另外，翻译理论也能促进翻译教学水平的提高。深刻参透新的翻译理论，必然会扩大教师的专业视野，丰富教师的专业知识。这些新的理论经由教师的筛选，融入翻译教学，进而指导学生的翻译实践，必将更快、更有效地为国家培养翻译人才。

一、关联理论与翻译

（一）关联理论

语用学家斯伯博（Sperber）和威尔森（Wilson）综合认知科学、语言哲学和人类行为学的研究成果创立了关联理论，不仅在语用学界反响强烈，对语言学、文学、心理学、哲学等领域也产生了一定影响，对翻译研究也同样具有积极的意义。他们的学生格特（Gutt）运用关联理论对翻译进行了专门研究，并在《翻译与关联：认知与语境》一书中进一步发展了关联理论，阐述了他对翻译研究的启示，提出了一种全新的关联翻译理论，为翻译研究开辟了新的领域。

关联理论认为，若文本话语的内在关联性很强，则读者在阅读中无须付出太多推理努力，就能取得好的语境效果（语境含义或假设）；反之，若文本话语的内在关联性很弱，则读者在阅读过程中需付出较多推理努力，才能取得好的语境效果。从文本的创作或翻译看，好的文本或译本并不是要向读者提供最大的内在关联性，而是要提供最佳的内在关联性。从文本或译本的解读看，读者理解话语的标准就是在文本话语与自己的认知语境之间寻求最佳关联，而不是最大关联。这里的最佳关联就是用最小的推理努力，取得最大的语境效果。文本的内在关联性往往与文本的创作意图、社会功能、写作风格和文体色彩等有关。例如，以信息功能为主、含义单一明确的实用文体，往往提供较清楚的内在关联性，读者很容易直达其意；而意境深远、蕴含丰富的文学作品，其内在关联性较为含蓄，为读者留下丰富的想象和推理空间。但无论文本的文体、风格或功能如何，都应该设想为读者提供最佳的内在关联性，才能使读者从文本话语中获得最大语境效果。

关联理论是以认知和交际为基础的。在关联理论中，关联性被看作输入到认知过程中的话语、思想记忆、行为、声音、情景、气味等的一种特性。语境则是一个心理结构体，它存在于听话者头脑中的一系列假设（a set of assumptions），包括：

1. 上下文，即在话语推进过程中明白表达出来的一组假设。
2. 会话含意（conversational implicature），即按照语用原则推导出来的一组假设。
3. 百科知识，即涉及上述两类假设中相关概念的知识或经验。

任何一个交际行为都是明示——推理的过程。听话人为了理解说话人的意图，必须根据关联理论把对方具有最佳关联性的言语刺激以及当时的交际情景当作信息输入，并从记忆中提取相关的百科知识与之匹配（即做出语境假设），在大脑中枢系统中采用演绎规则对它们进行综合加工（付出一定的努力），最终获得语境效果。因此，话语理解的过程就是通过语境进行推理的过程。翻译的本质也是一种言语交际活动，原作作者与译者构成交际双方，译者和译语读者（接受者）又构成交际双方。原作中的每一个语句、每一段话语对译者而言即是明示刺激（ostensive stimuli），这种明示刺激或明示性话语就是一组语境线索，译者在这种言语刺激作用下，就会激活其认知语境，利用词汇知识、逻辑知识及百科知识寻找关联，进行推理，推导出作者的意图，进而理解原文；另外，译者要将自己的理解传达给接受者，就要调用译入语方面的认知语境，尽量将原作内容和形式忠实地表达出来，使译文符合接受者的期待。因此，关联理论框架下的翻译就是一种对原语进行语内或语际阐释的明示——推理活动，这种明示——推理活动要依靠语境实现。

关联理论认为语境不是在话语生成之前预先确定的，而是听话者在话语理解过程中不断选择的结果，它会随着交际过程的发展而不断发展和变更。语境是一系列假设，是一个大范围的概念。在话语理解的过程中也使那些最为相关的语境被激活，通过推理作出判断。要使交际成功，就要寻找话语与语境之间的最佳关联，也就是要找到对方话语同语境假设的最佳关联，通过推理推断出语境暗含，最终获得语境效果。制约相关性的两大因素就是语境效果与推理努力。语境效果大，推理时所付出的努力小，关联性就强，反之亦然。由于认知语境是因人而异的，对同一话语的推理往往也有不同的暗含结果。比如在朋友家聊了一段时间后，起身准备离开，这时天正下着雨，朋友说："在下雨呢。"如果朋友是坐着说这句话，根据已有的认知语境，即下雨时主人常留客人。结合朋友的话便可以得出结论：主人要留客人。但是，如果朋友一边递给客人一把伞，一边开门说这句话，客人就要调整认知语境，搜索有关的信息：朋友大概有事，主人为客人开门常有送客之意，下雨出门可以打伞。根据这一组信息，结合朋友的话，就可以推出结论：朋友至少不反对客人离开。因此，话语理解的过程实际上就是不断激活相关语境，寻找关联，进行推理的过程。

翻译的本质是一种交际活动，译者扮演着信息输入（对原作的理解）和输出（言语产出）的双重角色。不同的译者有着不同的认知语境，同一个译者处在不同的时间、地点也会有不同的认知语境。在翻译过程中，译者必须依赖语境，从原作的言语或语句的刺激中寻找最佳关联，再把这种关联传递给译语读者，也就是说译者把自己的理解传递给译语读者。由于译者的认知语境是动态的，加上不同语言构成的语篇或文本受不同语义、文化等诸多因素的制约，译文不可能完全对等于原文。也就是说，翻译是动态的、波动的。那么，是否说翻译的这种动态和波动性就使译文无章可循了呢？不是的。翻译的成功取决于相关因素间的趋同。趋同与趋异是相对的两个概念。"翻译的成功"指的是翻译的效度（validity），它与趋同度成正比，与趋异度成反比。即趋同度越高，则趋异度越低，翻译的效度就高；反之，趋同度越低，则趋异度越高，翻译的效度就低。所以，要提高翻译的效度，必须尽量使译文向原文趋同，以提高翻译的信度（fidelity）和质量。

翻译的本质是一种交际活动。译者必须从原作的语句刺激中寻找最大关联，通过认知语境进行演绎推理，识别作者的交际意图，进而用正确的语码传递给接受者。译者只有在原语和译语之间找到它们最大的语义和语用关联时，才能使译文最大限度地趋同于原文。因而，笔者认为翻译的趋同可分为语义趋同和语用趋同。

语义趋同指在语言形式和规约意义上的趋同，语用趋同则指在内容和隐含意义上的趋同。规约意义的识别受语境的干扰较小，而隐含意义的识别必须借助语境进行推理才能实现。翻译中，译者必须依赖语境，寻找关联，通过推理识别作者的交际意图，并对接受者的认知语境做出正确的假设，选择适当的译语，努力使原作作者的意图与译语读者的期待相吻合。翻译的本质是交际的、语用的。因此，质量好的译文必须兼有语义趋同和语用趋同，仅有语义趋同，有时译文可能传达不出原作的意图，变成"曲译"或"死译"，当然，在无法兼顾语义趋同和语用趋同时，就应该想方设法做到译文的语用趋同，以传达出作者的意图。

例 1：John can be relied on. He eats no fish and plays the game.
约翰是可靠的，他不吃鱼，还玩游戏。

例 1 在语言形式和词的规约意义上都趋同于原文，可称为语义趋同，但它没有传达出作者的意图。译者没有结合上下文语境，根据关联原则调用潜在认知语境。

（二）关联理论在翻译教学中的作用

关联理论对翻译教学有很大启示，它首先告诉人们，要翻译，先要理解原文。根据关联理论,要准确无误地理解原文的语境,根据语境做出认知假设,找出原文与认知假设间的最佳关联,从而理解原文语境效果。寻找关联要靠译者的百科知识,原文语言提供的逻辑信息和词语信息。因此,寻找关联就是认识推理的理解过程。更为重要的是,翻译是作者—译者—读者三元关系,原文作者和译者的认知环境不同,作者力图实现的语境效果同译者从原文和语境中寻找关联而获得的语境毕竟是两回事。这样一来,原文信息和译文传达的信息就不可能完全对等,翻译只能做到"达义""对体""求形"。所谓"达义",就是正确地表达原文的意义,意义是交际的核心内容,意义的篡改、歪曲,谈不上是在翻译,只有准确无误地表达原文的意义才是翻译的首要任务。无论是明说还是暗含,意义的语码转换是可行的。"意义"包括两方面的意思,一个是"意",一个是"义"。"意"是指意图,原文作者的意图,翻译就是译意,"对体"是指文体和体裁。在翻译中,两种语言的体裁要相吻合,诗歌绝不可译成散文,戏剧绝不可译成小说。也应该注重语体和文体,Martin Joos 的 "五只时钟" 理论对翻译很有参考价值。

综上所述,关联理论对英语教材的编写、词汇的记忆、阅读理解教学、翻译等有着十分重要的借鉴作用,语言教师应学点语言学,改进教学方法,掌握教学技巧,培养更好的人才。

二、认知语言学意义观与翻译教学

(一) 认知语言学意义观

传统的意义观主要包括指称论、使用论、行为主义论、真值条件论、概念论、成分论等。这些意义观是四种主要语言学范式的意义观的具体体现,即传统哲学、对比语言学、结构主义语言学和转换深层语法。这四种语言学范式虽有其不足之处,但都属于客观主义语言学范畴。莱考夫(Lakoff)曾严厉地批判了这一语言学范畴。他们指出客观主义语言学对于意义的核心观点是语言对现实世界的直接的镜像反映,意义来自语言本身,现实世界可以通过语言的意义得到准确的理解。由此得出描述同一场景的不同表达具有相同的意义,因为他们反映的是同一场景,如同一源语表达"玛丽把杯子打破了"既可以翻译为"Mary broke the cup",也可以译为"The cup is broken by Mary",因为两种译文反映的是同一场景"玛丽把杯子打破了"。

然而,认知语言学则与客观主义语言学持明显不同的观点,它认为意义不是来自语言本身而是来自对体验的理解。语言仅仅只是起激活意义的作用,语言与意义之间是导引与被导引关系,而意义就是概念化。具体地说,意义存在于人们的大脑中,而不是语言中,语言的作用只是激活意义和其所属的概念框架。意义或概念化存在于现实世界和概念结构之间的人类认知过程的结果,而认知过程是指人类识解现实世界的过程,因此,意义或概念化是人类用识解方式感知体验现实世界过程的识解结果,每一层意义不仅包括具体的概念内容，还含有相应的识解方式。如朗加克（Langacker）所指出的，语言意义应该由概念内容和识解构成，一种有挑战性的意义观尤其不能忽视后者。由此可知，能够激活相应概念框架中的某一意义的表达必定反映隐含在意义中的某一识解方式。换句话说，某一具体语言构造的使用，事实上赋予了所构造的场景某一具体的意象。因此，根据认知语言学的意义观，可断定上段中所给出的例子中的论断是不合理的，尽管"玛丽把杯子打破了"的两种英文翻译可以激活同一杯子摔破的概念内容，但是译文"The cup is broken by Mary"不能激活与原语表达一致的识解方式，因此改变了原语表达的意义。另外，为了说明认知语言学的意义观，句子尤其是被动句常常用来作为说明例子。在此，必须指出这一做法大大局限了普通读者对认知语言学语义观的理解，甚至会使其误认为认知语言学语义观只适用于句法层面。事实上，词汇和句法都可用来示例这一意义观，因为两者之间没有明显的区分。Langacker 指出词和句子形成了一个符号元素的连续体。这就意味着词和句法都是语言构造，都可以构造该概念或场景，赋予概念或场景识解方式。名词属于词的范畴，由此可推导出指称每一个指称概念的名词实际上都体现了相应的识解方式，以下将以认知语言学意义观为指导具体探讨名词的翻译教学问题。

(二) 认知语言学意义观对名词翻译教学的启示

在具体名词翻译教学过程中，教师需结合认知语言学意义观探索出具体的名词翻译原则，然后在此原则的指导下以引导的方式与学生探讨具体名词的翻译。

如上所述，意义由概念内容和识解方式构成，译者在用某一名词激活某一意义的同时也是在选择某一意象、构建某一场景，而翻译的性质又是在目的语中再现源语的意义。据此，可以认定翻译名词的原则，即名词翻译应该以认知意义为导向，即意义的概念内容和识解方式都应该在目的语中再现。然而，词本身所具有的特点使得这一名词翻译准则的具体实施困难重重。首先，与句子相比，词虽与句子构成一个连续体，两者没有明确的界限，但是词在结构上比句子稳定，而句子较灵活，更具有兼容性以及词无法可及的优点，比如英语句子"His disappointed feelings became the object of her compassion"，翻译家孙致礼就充分利用句子的灵活性，把其译为"他的沮丧情绪也引起了她的同情"。显然，原句的意义在译文中得到了很好的再现，因为原句的识解方式和概念内容在目的语中得到实现。然而，如果根据本节所提出的翻译原则把名词 paperclips 直接译为"纸针"的话，其后果可想而知，虽然原词的识解方式在目的词中得到再现，但是人们无法理解"纸针"为何物。另外，人们所涉及的名词都已经深深扎根于汉英两种语言中，因为这些名词所指称的名词性概念在主要来自人类所共有的基本领域，如衣食住行等，这就意味着这些概念汉英两种语言都存在并且都有自己约定俗成的词汇表征。因此，如果按照上述翻译原则把汉语名词直接翻译到英语里，结果就会是：虽然原词所激活的概念内容和识解方式在英语里得到体现，但有可能在英语里无法激活与在汉语里一样的概念，甚至会导致误解，反之亦然。因为汉英两种语言在概念化同一实体时所采用的识解方式完全不同，自然无法激活同一概念，如"床头柜"，如果根据上述翻译原则把其译为 bed-head cabinet，就很有可能在英语读者头脑里激活的是像衣柜那样的实体，而不是摆在床边的小桌子。因此，以上提出的名词翻译原则只是描述了一种理想状态，考虑到原语意义的成功传递和目的语读者的理解两个因素，名词翻译原则应进一步修正为：在翻译名词时，译者首先应该尽量在目的语中再现源名词的概念内容和识解方式，若无法达到两者的同时再现，译者应该舍弃源名词的识解方式，而选择与目的语一致的识解方式。基于以上观点，以下将探讨概念共享情况下的名词翻译教学及概念缺失情况下的名词翻译教学。

1. 概念共享下的名词翻译教学

汉英在词汇表征同一名词性概念时存在两种情况：第一种情况是同一名词性概念在汉英两种语言中都有词汇表征，且汉英词汇表征体现相同的识解方式。这种情况的名词翻译策略为：如果源名词所表征的概念为汉英两种语言所共有，且在目的语中由体现相同识解方式的词来表征，那么源名词所激活的概念内容和识解方式都应在译文中体现出来，如概念词 BOOKSHELF 在汉语里词汇表征为"书架"，该词体现了功能视角识解方式，即该词所表征的实体是用来放书的。而在英语里，该概念词汇表征为"bookshelf"，其所激活的识解方式与"书架"一样。因此，英译"书架"时，其所激活的概念内容和识解方式都应在英语中得到再现，翻译为"bookshelf"。由于这种名词翻译方法沿用了源名词的识解方式，因此笔者把其命名为传承法。第二种情况则是名词所表征的概念为汉英两种语言所共有，但在两种语言中分别由其约定俗成的词汇表征，即源名词所表征的概念为两种语言所共有，但目的语中表征此概念的名词体现不同的识解方式。由于两种语言采用了不同的识解方式，如果硬要在目的语中再现源名词的概念内容和识解方式，其结果只会是在目的语读者头脑中无法激活同一概念内容。因此，为了激活同一概念内容，只有舍弃源名词的识解方式以适应目的语中已经存在的识解方式，如一种发型在英语中表征为"Afro"，其体现了转喻的识解方式，即整个范畴被用来指代这一范畴所特用的特征。而在汉语中此概念表征为"爆炸头"，其体现的是隐喻识解方式，即头发的形状与爆炸时的情景很相似。当汉译 Afro 时，如果其所包含的识解方式保留在汉译译文中而把其译为"非洲"，那么很有可能无法在汉语读者头脑中激活"发型"这一概念。因此，汉译 Afro 时，应该在汉语目的语中选择体现相同识解方式的词，如"爆炸头""蜂窝头"以及其他体现类似的隐喻识解方式的词。鉴于此种翻译方法涉及参照目的语中的识解方式，把其命名为参照法。

2. 概念缺失下的名词翻译教学

以上主要在阐释翻译性质和认知语言学意义观的基础上提出了名词翻译原则，并在此原则的基础上提出概念共享下的名词翻译策略，即传承法和参照法。本小节主要运用这两种翻译策略来探讨概念缺失情况下的名词翻译，以期能为以后相关名词翻译提供翻译依据，并为评价已有的名词翻译提供评估标准。概念缺失是指源名词所表征的概念是源语所独有的，在目的语中不存在这一概念。对这种情况下的名词翻译方法则为传承法和参照法的结合，即参照与原概念所在的原框架相似的目的框架中相关概念的识解方式，然后决定是否传承源名词所激活的识解方式。例如"毛笔"所表征的概念是汉语所独有的，英语则无此概念，但是英语有这些概念如 QUILL PEN（羽毛笔）、STEEL PEN（钢笔）和 LEAD PEN（铅笔），其与源名词所表征的概念处在同一框架下，即 PEN（笔）框架。那么翻译"毛笔"时，就需参照原概念的识解方式。如果原概念的识解方式与相关目的概念的识解方式一致，那么原概念的识解方式就在目的语中得到传承。例如概念 QUILL PEN（羽毛笔）、STEEL PEN（钢笔）和 LEAD PEN（铅笔）分别表征为 quill pen、steel pen 和 lead pen。这些名词表征表明英语是从质地材料视角来概念化相关实体的。而汉语表达"毛笔"也反映了相同的质地材料视角识解方式。因此，"毛笔"可翻译为"hair pen"。这样，不仅原概念中的识解方式在目的语中得到再现，而且也便于目的语读者的理解，因为目的语读者可以通过人类普遍存在的识解方式即类比思维方式来理解 hair pen。通过类比，目的语读者可推导出 hair pen 与 quill pen、steel pen、lead pen 一样，也是一种笔，与其不同的是前者的笔尖是用毛做的，后者的笔尖则分别是以羽毛、钢、铅做的。鉴于此，可试做评价，即前人把"毛笔"英译为 brush pen 这一做法是值得商榷的。此外，如果原概念的识解方式与目的语相同概念的识解方式不一致，那么其应该适应目的语中的识解方式。例 contact lens 所表征的概念起初是英语所专有的，英语里突显的是眼睛和镜片之间的距离。在汉语里，同处 LENS 框架下的概念词汇表征为"眼镜""墨镜"等。从这些词汇表征可知汉语主要从镜片位置或颜色来识解这一实体。为此，可以参照这两种视角识解方式把 contact lens 翻译为"眼内镜"或"隐形眼镜"。与此同时，还存在另一种情况，即目的语中不存在与源语所特有的处在相同或相似框架下的概念，也就是不存在参照的可能性。例如英语中就没有概念与汉语概念"阴"和"阳"处在同一框架下。对于这种情况，只能在目的语中完完全全地再现原语的识解方式，从而英译为"yin"和"yang"。

综上所述，翻译则是指在目的语中再现源语的意义。根据认知语言学的意义观，意义就是概念化，由概念内容和识解方式构成。在此基础上，人们提出了名词翻译原则：在翻译名词时，译者首先应该尽量在目的语中再现源名词的概念内容和识解方式，如无法达到两者的同时再现，译者应该舍弃源名词的识解方式，而选择与目的语一致的识解方式。在该翻译原则的指导下，人们提出了名词翻译的三种策略，即传承法、参照法以及传承参照结合法。传承性翻译策略是指源语名词所表征的概念为两种语言所共有且此概念在目的语中也体现相同识解方式的词汇，翻译时源语名词所表达的概念与体现的识解方式在目的语中同时获得再现。参照性翻译策略则指源语名词所表征的概念为两种语言所有，但源语名词表达的概念在目的语中是以不同识解方式得以表征的，翻译时则采用符合目的语识解方式的词语。传承参照结合法则指参照与原概念所在的框架相似的目的框架中相关概念的识解方式，然后决定是否传承源名词所激活的识解方式。

（三）翻译教学中认知语言学的意义观与译者主体性

传统意义观根植于客观主义，认为意义是客观存在的，每个句子都有一个客观意义，这个意义并不关乎任何一个人，而是独立存在的。而现代意义观的哲学基础是经验现实主义，认为没有独立于人的认知以外的所谓意义，语言符号不是对应于客观外部世界，人的认知参与了语言的意义和推理。因此，人们说意义不能独立于人的认知以外而存在，而这也同样适用于隐喻的意义。王寅在分析隐喻的工作机制时认为，同一种语言和文化中的交际双方共享的语境知识、文化因素、常规模式等因素是隐喻得以实现其交际价值的基础。在这个基础上隐喻意义才得以形成和识别，即双方达成对某隐喻意义的共识，这样隐喻也才获得其存在的可能，才会具有生命力。但是他同时指出人的认知能力是有差别的，这会导致对隐喻理解的偏差。从跨文化交际的翻译角度来说，这种偏差是大量客观存在的。不同文化背景的目的语读者能否通过翻译来感知到源语中作者要表达的隐喻意义，无疑是检验翻译质量的一个重要标准。翻译是一种语际交流，是一种跨文化交际，也是意义通过译者从作者向目的语读者传递的过程。传统翻译观认为译者居于从属地位，是原作者和读者之间的隐形人。解构主义颠覆了这一想法，认为译文不再是原文的附庸，从此，译者在作者和读者间逐渐开始显露其存在和作用。

20世纪70年代翻译界出现文化转向也一定程度上凸显了译者的主体性。"译者从被动、从属的地位中解放出来，享有翻译主体的充分自由，使平等对话与创译成为可能，译者也因此能突显个人的意志，张扬个性，发挥译者的主观能动性。"但是谈译者的主体性并不意味着译者可以任意妄为。译者的主观能动性必须是建立在客观文本的基础之上的，也必须以译者本身的认知结构为依托，并体现作者的认知结构和对目的语读者认知能力的预测。无论译者在翻译过程中体现怎样的个人意志，采取怎样的翻译策略，译者主体性所起到的作用最终还是为传达意义，即为跨文化交际这一目的服务的。也就是说，译者既要面对原作者、原作，又要面对读者，考虑到读者在自身文化中的接受能力。

三、言语行为理论与翻译教学

言语行为（speech act）早在20世纪50年代就是语言哲学家的研究对象。所谓言语行为指人们为实现交际目的而在具体的语境中使用语言的行为。言语行为并非"言语的行为"，而是一种交际活动，涉及说话者说话时的意图和他在听话者身上所达到的效果，即言语就是行为。言语行为理论的创始人是英国哲学家奥斯汀（Austin）。他设想了言语行为的三分说：言内行为、言外行为以及言后行为。

言内行为指的是"说话"这一行为本身，即发出语音，说出单词、短语和句子等。这一行为本身不能构成语言交际。言外行为是通过"说话"这一动作所实施的一种行为，如传递信息、发出命令、问候致意等。言后行为指说话带来的后果，即说话人说出话语后在听话人身上产生了哪些效果。例如，"我饿了"这一言语行为，其言内行为就是说出这三个字；言外行为是实施说话人的一种"请求"行为，请求听话人能提供一些食物；对方提供食物与否就是言后行为。在这三种言语行为中，语用研究最感兴趣的是言外行为，因为它是同说话人的意图一致的。说话人如何使用语言表达自己的意图，听话人如何正确理解说话人的意图是研究语言交际的中心问题。

（一）理解原文的内涵

翻译是一种跨语言、跨文化的交际行为。根据认知语用学的观点，要确定话语意义，就必须充分考虑说话人的意图或语用用意、交际场合以及听话人的背景知识、信念、态度等语境因素，而语境因素往往又不止一个，它"可以是语言语境（上下文），也可以是具体语境（交际场合），也可以是认知语境（记忆和知识结构）"，说话人正是通过这一系列语境信息来传达他意欲表达的话语意义。从言语行为角度论述翻译，就是要求译者正确领会原作者的主观意图，教师要使学习者认识到，翻译绝不仅仅是一种从原作到本族语的转换，根据言语行为理论，译者在翻译过程中，不仅要理解原文的字面意义，更重要的是要弄清原作者的真正意图，同时根据不同的交际情景、文化传统、社会条件、思维方式、语言结构和表达方式等有的放矢，才能译出精品佳作来，如例所示。

例1：It seems to me what is sauce for the goose is sauce for the gander.

这里译者如果不懂得其内在含义就很有可能译成"我觉得煮鹅用什么酱油，煮公鹅也要用什么酱油"。这样读者就感到莫名其妙不知所云，译者若能透过表层理解深层意义就可译出"我认为该一视同仁"，从而将作者的原意清楚地表达出来。

例2：Do you think he has it in him? 你认为他干得了吗？

in him/in her/in them 中的 in 常表示"有能力做什么"而不是"有什么"。

例3：The study room had a Spartan look.

这句话的理解就涉及了文化背景知识，因为其中包含了一个典故，如果译成"这间书房有斯巴达的景色"对于不熟悉 Sparta 的读者就不知其所云了。Sparta 是古希腊的一座重要城市，在历史上占有重要的地位，Spartan 是斯巴达人、斯巴达式的意思，斯巴达人素以刚勇简朴著称，因此这句话最好译为"这间书房有一种斯巴达式的简朴"，并加注（注：斯巴达人以简朴著称）。

（二）翻译时注意言外之意

翻译最主要、最根本的任务是再现原文的意义。美国翻译理论家奈达说："翻译就是翻译意义。"可见，意义及语用意义是翻译的出发点和归宿点。由于他设计了两种语言的语用原则，推导出原文所示的言外之意并使译文读者理解这一言外之意，使两种不同的语用意义的差异得到沟通、融合。

例4：Out of sight, out of mind.

其言外之意是 persons or things not seen for soon forgotten. 看不见的人或物会很快忘掉，意思是看不见就想不起来，所以可译为：别久情疏（眼不见，心不念）。

例5：A miss is as good as a mile. （a failure is always a failure, however near it maybe to succeed; a narrow escape is the name in effects an escape by a wide margin. ）

再接近成功的失败也是失败，侥幸逃脱与从容脱身都是保全性命。错误再小终是错，死里逃生也是生。

例6：Lock the stable door after the horse has been stolen.

在这句中汉语中的"亡羊补牢"，只是英语中的 horse 变成了"羊"而已。然而"亡羊补牢"往往还有后半句"为时未晚"，意思是一群羊跑了几只，再修补圈也还来得及，受到损失后想办法补救，免得再受损失，可是，英语的言外之意却是：It is use less to take precautions after something has happened that could have been fore-seen and guarded against（用来可以预见或防范的事发生了，再采取措施也无济于事了）。仅有的那匹马被人偷走，再去锁马厩的门也没什么意义了，所以英语的言外之意是"来不及"，汉语的言外之意是"来得及"，可见下面的翻译比较得体：亡羊补牢，为时已晚（贼走关门，马后炮）。

例7：Given a dog a bad name and hang him. （given a person a bad reputation, slander him, and the bad reputation will remain. ）

给某人加上一个坏名声，他就永远洗刷不掉：人言可畏，众口铄金（受人诬陷，有口难辩）。

上面的翻译不仅理解英语本族语人的语用意义，还适合汉语读者理解，语用意义一致，相通的译文，使原句的语用意义和译句的语用意义达到契合。

下面的译法就欠妥：

例4译为：眼不见，心不烦。

例5译为：差之毫厘，谬之千里。

例6译为：亡羊补牢，犹未为晚。

例7译为：欲加之罪，何患无辞。

所以，教师在教授学生时，要让学生了解不同文化内涵及其言外之意。英语和汉语之间有着由人类共性所决定的语言共性，这是英汉语之间得以互译的前提。但英汉语言分属于两种截然不同的语系，两种语言在语音、词汇、语法、语义等各方面差异很大。尤其是两种语言根据其语法关系的习惯用法表现在句子结构和表达方式上存在很大的差异，正是这种差异给两种语言的顺畅互译带来了障碍。如：American education owes a great debt to Thomas Jefferson. 学生原译为：美国教育大大归功于托马斯·杰弗逊。指导后译为：托马斯·杰弗逊为美国教育事业做出了巨大的贡献。学生缺乏对英汉思维差异的了解，过分拘泥于原句的框架结构，导致汉语译文并不十分通畅。在教学中，教师适时地指导学生对两种语言的异同进行对比，增强他们对英汉语言差异的理性认识，力求引导学生在语言学习中自觉探寻并逐步掌握两种语言相互转换的基本规律，掌握英汉互译的基本原理知识和常用技巧，以便有效地指导自己的翻译实践，提高自己的翻译能力。

第五章　大学英语翻译课程教学模式的实施

第一节　大学英语词汇翻译教学模式

各民族都是通过词汇把自己心中的世界分解成无数概念，词汇越丰富，对世界的认识也就越精细。汉语和英语虽属不同语系，特点迥异，但都有丰富的词汇量。在汉英语言对比研究中，人们发现了大量的对应词语，这是汉英的语言基础。但是，由于自然环境、思维方式、社会历史、文化传统的不同，两种语言中存在许多不相对应的词语，主要表现为词语的空缺（无对应）和词义的差别（部分对应）。

例如：

山 hill（小山、丘陵）、mountain（高山、山岳、山脉）

鸡 hen（母鸡）、chick（小鸡）、cock（公鸡）、roster（雄禽、公鸡）

青 green、blue

借 lend（借给）、borrow（借入）

兔 hare（野兔）、rabbit（家兔）

鼠 mouse（耗子）、rat（老鼠）

乌鸦 raven（渡鸦）、crow（乌鸦）

你，您 you、江，河 river、父，母 parent、兄，弟 brother、枪，炮 gun、嫁，娶 marry 叔，伯 uncle

上列两词语左右两端都不完全对应。从汉英翻译的角度讲，第一组右端的单个英文词无法传达出汉语的概括意义；第二组右边的英文词又无法精确地限定左边词语所表达的具体含义。

这些不对应现象给汉英造成一定的可译度障碍，需要通过适当的技巧加以克服。如：

舅舅从桌上把花瓶拿去了。

Mother's brother has taken the vase away from the table.

我属蛇。

I was born in the Chinese lunar year of the snake.

在翻译教学中，我们要重视对词语内在含义的理解与处理，在两种语言对比过程中对具体词语的形态进行转换。

一、词语的正确理解

（一）词语的正确搭配及意义

一个词，在词典中尽管有许多意思，但是用在某个特定的句子中，和不同的词语进行搭配时，以及在不同的语法结构中，只有一个确定的意思。因此，在翻译时要善于抓住词语的搭配和语法结构，确定词义。以下举例说明：

1. I can think of a good few medical students who would willingly work their way through colleges byfilling in as nurses a tour under staffed hospitals.

误译：我可以想象不少读医的学生是愿意来我们人手不足的医院当护士帮助病人填写病历，以此来挣钱读完大学的。

正译：我可以想象不少读医的学生是愿意来我们人手不足的医院临时充当护士，以此来挣钱读完大学的。

分析：fill in 用作及物动词词组，和 a blank/a check/a form 等搭配时，是"填写""填入"的意思，但是如果用作不及物动词词组时，和 for sb. as sb. 搭配，就是"暂时代替"的意思。

2. An intelligence test does not measure character, social adjustment, physical endurance, manual skills, or artistic abilities. To criticize it for such failure is roughly comparable to criticizing meter for not measuring wind velocity.

误译：批评这样的失败就好比批评温度计不能测出风速一样。

正译：批评智力的测试不反映上述情况，就好比批评温度计不能测出风速一样。

分析：很多情况下，failure 这个词是做"失败"解释的，但是，当 failure 后面接动词不定式，形成 failure to do sth. 的结构的时候，这个 failure 就应当解释为"未能""没有"。

一个人认识词汇的能力总是有限的，翻译时碰到不认识的词的可能性很大。在翻译过程中，常考查多义词，这时我们千万不能想当然，受思维定式的影响，按照自己印象最深或最熟悉的词义去理解，而是应当充分利用上下文来分析和确定词义。

（三）词语形式对词义的影响

名词是很活跃的一类词语，一个名词用作单数或复数、用作可数或不可数、前面有没有定冠词，它的意义都是大不相同的，因此，在有名词出现的翻译中要格外注意名词的形式。下面举例说明：

1. There is a definite link between smoking and heart disease and lung cancer. But this doesn't make you too uncomfortable because you are in good company.

误译：但这并不能使人们感到太多不舒服，因为你是在一个好的公司里。

正译：但这并不能使人们感到太多不舒服，因为和你一样抽烟的人很多。

分析：company 做可数和不可数名词时的意义是不同的。做可数名词时是"公司"，而做不可数名词时是"伙伴""伴侣"的意思，要格外小心。

2. The question became one of whether man could control the disease he had invented.

误译：因此，问题就成了人们能否控制住他们自己创造出来的这种疾病。

正译：因此，问题就成了人类能否控制住他们自己创造出来的这种疾病。

分析：man 用作单数，且前面又没有冠词修饰时，做 mankind（人类）解释。

（四）词语的内涵与引申义

很多词在具体的翻译中是不能简单套用词典中现成的解释的。这就要求我们根据词语的内涵和引申的意义准确把握词义。

二、英汉翻译教学中英、汉词语具体形态的对比翻译

（一）两种语言在词类具体形态划分的异同显而易见

1. 英语的冠词和汉语的量词分别为各自所独有，没有直接对应；
2. 汉英中名词、动词、形容词三大实词类基本对应，虚词中的介词、连词也基本对应；
3. 汉语的助词是个特殊的词类，它包括结构助词、时态助词、语气助词等，英语虽无此类助词，但其动词的时态与体式，句式的陈述与疑问，词语之间的修饰关系都分别与汉语的助词的功能相对应；
4. 英语的副词较复杂，只有一小部分能与汉语的副词相当（程度、疑问、时间、范围、连接副词等）。汉语中也没有英语的关系（代、副）词，但关系词在词义上相当于名词，所以汉语的名词、代词有时译成英语的关系词；
5. 汉语名词中的方位名词在语义上与英语的介词有共通之处。

（二）从数量上比较，也可发现汉英词类的不同特点

1. 汉英语言中的名词、动词和形容词作为开放性词类在词汇中各占较大比重，彼此相当；
2. 副词在汉语中数量相对较少，有的划为虚词类，而在英语中副词为实义词，大概因为英语中很大一部分副词由形容词派生而来，而且数量众多；
3. 介词与连词都是英语多汉语少。拿介词来说，汉语中的介词总共 30 个左右，英语中仅简单介词就有 40 个左右，若加上复合介词（如 into、outside）、短语介词（如 in front of），则数不胜数。就连词而言，汉英也有类似不同。

三、动词对比

由于英语具有强大的派生构词法，英语的动词大多都有其相应的名词形式，英语的形容词也有名词形式。而汉语的动词和形容词却没有语法上的名词形式。

汉语的动词在使用频率上远远高于英语，因为英语动词的使用要受限制，一句话只要一个动词谓语，而汉语的动词却无此限制。英语中代词、介词、连词的使用频率也比汉语高。英语数词的使用不如汉语多，因为汉语的成语及缩略语依靠数词（词素）构成。汉语的量词同英语的冠词一样，附属于各自的名词，使用频率也同名词。

（一）英语动词的分类

英语动词按其在句中所起的作用可分为两类。

1. 主动词："实义动词"在句中表示谓语动词的基本意义，是动词词组的语义核心；
2. 助动词：协助主动词完成表示不同语法意义或情态意义的作用。

例如：

I don't know English. 我不懂英语。

I have been teaching English in this college for ten years. 我在这所学校教英语已经十年了。

3. 英语动词：

英语动词分为：及物动词、不及物动词、连系动词。

（1）英语及物动词。及物动词是后面必须带宾语才能构成完整意义的动词。例如：

We **study** *English*. 我们学习英语。

I **read** *books*. 我读书。

He **teaches** *Chinese*. 他教汉语。

注：以上三例中的黑体字部分是及物动词，斜体字是动词宾语。

有些及物动词，如：give、show、pass、send、bring 等需要带两个宾语，这种动词所要求的两个宾语，即直接宾语（Direct Object）和间接宾语（Indirect Object），往往一个指人，另一个指物。

They left no *food*. 他们没给我留一点食物。

以上例句中黑体字部分是间接宾语，指人；斜体字部分是直接宾语，指物。一般情况下间接宾语放在直接宾语之前。如果要把直接宾语放在间接宾语之前就需要加介词 to，构成介词短语，并把该短语放在直接宾语之后。如：

Please give the three tickets to Miss Li.

请把这三张票给李小姐。

Do you have any dictionary? Please pass it to me.

你有字典吗？请把它递给我。

复合宾语——在复合宾语中宾语和它的宾语补语之间在逻辑上有主语和谓语的关系。例如：

We found *her* **working at the lathe**.

我们发现她在开车床。

He proved *himself* **worthy of confidence**.

他证明自己是值得信赖的。

Did you see *him* **enter the room**?

你看见他走进房间去了吗？

以上例句中的斜体字部分为宾语，黑体字部分是它们的宾语补语，宾语和它们的宾语补语之间有逻辑主语和谓语的关系。

（2）英语不及物动词。不及物动词自身就有完整的意义，也就是说这类动词不需要带宾语就可以使句子完整。例如：

The president is **speaking**. 总统正在讲话。

He **went** home till middle-night. 他到半夜才回家。

She was **coming** smiling and happily. 她正高兴地笑着回来。

该三例中的黑体字部分都是不及物动词，它们都不需要宾语。有些不及物动词在一定的上下文中还需要带状语，意义才能完整，例如后两例。

（3）英语连系动词。有些动词如 to be、to become、to appear、to look、to seem 等之后须带主语补语句子才能完整，我们把这类动词叫作连系动词。连系动词也是主动词的一种，它和它后面的主语补语一起补充说明主语的身份、特征和状态。

（二）英语助动词

动词的语法功能是协助主动词表示不同的语法意义或情态意义，比如表示某一动作正在进行或已经完成，"应该""做某事或不应该做某事等"。例如：

You **should** have finished your homework. 你现在应该完成你的作业了。

I **have** seen the film before. 我以前看过这电影。

以上例句中的黑体字部分虽然没有实际意义但是它们分别表示"应该""已经（完成）"等的含义，同样是非常重要的。英语的助动词可分为三类：基本助动词（Primary Auxiliary）、情态助动词（modal Auxiliary）和半助动词（Semi-auxiliary）。

1. 英语基本助动词

基本助动词只有三个：be、do、have。作为助动词 be、do、have 本身没有词汇意义，只在动词词组中起语法作用或者说只表示语法意义。比如助动词 be 通常用来协助主动词构成进行体或被动态：

We are listening to the music.

The students were praised by their teacher for good marks of the test.

助动词 do 通常用来协助主动词表示否定意义或构成疑问句。

例如：

My husband doesn't know Russian.

What did you give to my mother for her birthday?

助动词 do 还可用来加重语气：

We do think you can do this job well.

我们真的认为你能把这项工作做好。

They do look very beautiful.

她们看起来的确很漂亮。

助动词 have 通常用来协助主动词构成完成体或完成进行体，如：

Thank you, I have had my supper.

谢谢，我已经吃过晚饭了。

How long has it been raining？雨下多久了？

2. 英语情态助动词

情态助动词共有 13 个，其中包括一些过去时形态，它们是：can/could、may/might、will/would、shall/should、must、ought to、dare、need、used to。情态助动词表示情态意义，它本身有词义，但词义不完全，因此不能单独作谓语。其过去时形式并不一定就表示过去时间。情态助动词不能重叠使用，其后的主动词用动词原形。例如：

Can you ride this bike?

It may snow this evening.

She must know the true story.

When I was in SINU, I used to take a long walk the foot path under the pine.

If she became a movie star, she could afford a new home.

Would you let me use your bike a moment?

3. 半助动词

还有一些半助动词，指某些兼有主动词和助动词特征的语法结构，比如 have to、seem to 之类的结构，既可与主动词搭配构成复杂动词词组表示情态意义，又能与其他助动词搭配，像是主动词而不像情态助动词。因此我们说，半助动词兼有助动词和主动词的双重特征。例如：

I have to buy a new pen.

He seem to be disappointed.

I don't have to buy a new pen.

She doesn't seem to be disappointed.

(三) 英语与汉语动词的形态变化比较

英、汉动词形态变化的最大区别就是：英语动词有形态变化而汉语动词没有形态变化。

英语动词有形态变化，主要体现在数（number）、时（tense）、体（aspect）、态（voice）等几个语法方面。

1. 英语动词的数（number）

（1） I study. 我学习。

You study. 你（你们）学习。

（2） He studies. 他学习。

She studies. 她学习。

It eats. 它吃。

（3） We study. 我们学习。

They study. 他们学习。

2. 英、汉语的时（tense）和体（aspect）

英、汉语都有时态，即"时"（tense）和"体"（aspect）的概念，但是表示的方法各不相同。英语"尺寸"和"体"的语法形式由谓语动词的特定形式来体现，即由 to be、to have、to do、will 等助动词的变化形式所构成的。汉语动词没有"时"和"体"融合而成的语法形式，它是由一些时态助词或副词来表示时态状况的，例如：

He studies English (everyday). 他（每天）学习英语。

I am studying English (now). 我（现在）正在学习英语。

I was watching TV (last night at nine). （昨天晚上九点）我正在看着电视。

I did my homework (yesterday). 我（昨天）做的作业。

I have finished my dinner. 我已经吃过饭了。

We will graduate next year. 我们明年上学。

3. 英汉语态（voice）的对比

和时态一样，英、汉语都有主动语态和被动语态之分，表现形式都体现在它们的谓语动词上。英语的构成是由助动词 to be 加上动词的过去分词构成的，时态则通过 to be 的变化形式来体现。而动作的执行者（或发出者）常省略，也可以由介词 by 引起的短语来表示。汉语被动句的构成主要是由"被""让""叫""遭""受"等虚词加谓语动词构成。"被"在该句型中是助词，在书面语中还有"被……所""如……所"的句型格式，例如：

History is made by the people.

历史是人民创造的。（一般现在时）

These computers were made in Beijing.

这些计算机是北京制造的。（一般过去时）

What tools will be needed in the work?

工作中将需要什么工具？（一般将来时）

A new building is being built.

一座大楼正在修建。（现在进行时）

The case was being investigated.

这案件那时正在调查。（过去进行时）

The book has been translated into scores of languages.

这本书已译成几十种语言。（现在完成时）

以上英语例句均可由"被"字句改译为：

现在时：历史是被人民所创造的。

过去时：这些电脑是在北京被制造出来的。（不常用）

将来时：工作中什么工具将被需要？（不常用）

现在进行时：一座大楼正在被修建。（不常用）

过去进行时：这个案子那时正在被调查。（不常用）

完成时：这本书已被译成几十种语言。

当然其中四句在正常交流中是不用的，属汉语非正常句，翻译为主动句更自然些。

（四）汉语动词的重叠和加"趋向动词"的特点

除以上英、汉动词的区别以外，汉语动词还有"重叠"和加"趋向动词"的特点是英语所没有的。

1. 汉语的有些动词可以用重叠的方式表示"动作时间短暂"或"尝试"的意思，是动态的一种表示法。这种重叠形式有以下几种：

（1）单音节动词重叠形式是"AA"（后面的音节读轻声），例如：看——看看、听——听听、试——试试、想——想想、说——说说。

（2）这种结构还可在重叠的两字中间加个"一"字，意思不变，例如：看一看、听一听、试一试等，这种结构有点像英语的"have a + 动词"的结构。

如：have a look 看一看，have a rest、have a break（休息一会儿），have a try（试一试），have a visit（访问一下）等。

（3）或加个"了"字表示短暂动作的结束：看了看、听了听、试了试、想了想、说了说、讲了讲。

（4）加个"了又"表示反复强调（有不放心色彩），例如：看了又看、试了又试、听了又听、想了又想、说了又说、讲了又讲。

（5）加个"啊"字，表示强调（有太麻烦的色彩），如看啊看、听啊听、试啊试、想啊想、说啊说、讲啊讲等。

（6）用"来去"的形式表示反复，如看来看去、听来听去、试来试去、想来想去、说来说去、讲来讲去等。这几种组合结构还可以重复或混合使用，使文字丰富多彩、形象生动。

（7）双音节动词的组成结构是"abab"（后面两个音节读轻声），例如：学习学习、休息休息、锻炼锻炼、讨论讨论、研究研究、轻松轻松。

前六种组合形式有的也可以用于双音节动词的重叠形式中，例如：学习了又学习、锻炼啊锻炼、讨论了讨论、研究来研究去。

2. 汉语动词的趋向性。汉语动词可以加趋向动词"起来""下去"等，表示"开始""继续"等意义，如：学起来、读下去、唱起来、干下去。借加助词和副词的方法来表达英语动词所表示的时态、语态、语气等概念是汉语的语言特点。英、汉语的动词都可在句子中作谓语或谓语中心。汉语的动词除了在句子中作主谓语以外，还可作连动谓语，其特点是前后动词之间不存在主谓、动宾、动补、偏正和并列等语法关系，不出现关联词语或语音停顿，只有逻辑意义上的顺序排列，即前后动作依次连续发生。英语的动词不可作连动谓语或没有连动谓语，它只能用并列谓语，或限定动词＋非限定动词（一般用不定式、分词）等结构形式表达，也可根据情况特殊处理。试比较：

A. Tom opened the door and went out.

汤姆打开门走了出去。

B. Let's have our lessons after the meal.

我们吃了饭上课吧。

C. She had to go to her parent's family to get some money so that she can buy some milk to feed the baby.

她必须到父母家拿点钱买牛奶喂孩子。

D. Following teacher Zhou, they started to climb.

他们跟在周教师后面开始往上爬。

E. Traveling by train, we visited a number of cities.

我们坐火车访问了好些城市。

从以上的例句中我们不难看出汉语的连动式在英语中可被处理成并列句（例A）、介词短语（例B）、不定式及分句主谓语（例C）以及现在分词短语和主谓语及动词不定式（例D、E）。

总结：以上是对英、汉语两种语言动词的简单对比分析，目的在于通过分析对比，启发学生利用自己母语知识的有利因素，克服英语学习中来自汉语的干扰和影响，提高英语学习的翻译能力，达到学好语言，掌握语言的目的。

四、英汉翻译教学中名词对比分析

（一）英、汉语名词的数

1. 汉语的"数"

"数"指名词的单数和复数。汉语普通话用"们"来表示人的复数名词，如：同学们、教师们、同志们等，名词加"们"以后，一般不能再受确定数目的数量词的修饰。如不说：这两位教师们等。其他名词常用指示代词来区分单复数，如：这张桌子（单数），这些桌子（复数），那些凳子（复数），那本书（单数）等。

2. 英语的"数"

（1）一般情况加"-s"，如 a book-two books

（2）以 s、x、ch 结尾的词加"-es"如：

a class-three classes；a box-two boxes；a watch-five watches；a brush-four brushes 等。

（3）辅音字母+y 结尾的词变"y"为"i"再加"es"，如：

city-cities；country-countries

（4）"o"结尾的词多数加"es"，如：

hero-heroes；potato-potatoes

（5）以"f"或"fe"结尾的词多数变"f"为"v"再加"es"，如：

wife-wives；knife-knives

（二）英、汉语名词的格

格（case）表示名词与其他词在句子中的关系，包括主格、宾格和所有格。

1. 汉语和英语名词的主格

如：牛吃草（牛为主格），小孩放牛（牛为宾格），草铺地（草为主格），别踩草（草为宾格）。其中："牛"和"草"无论是作主语还是作宾语它们的形式都是一样的，没有任何变化，在这一点上英语和汉语是一致的，它的主格和宾格形式一样没有变化。

例如：The cow eats grasses. A child is herding his cows.

2. 汉语和英语的所属格

（1）汉语：名词后加助词"的"来表示其所属关系。

（2）英语：'s 属格；of 属格。

如：汤姆的朋友 Tom's friend、鲁迅的著作 Lu Xun's works、电影的名字 the name of

the film、三班的教师 class three's teacher、这桌子的腿 legs of the desk 等。汉语表示所有格的助词"的",有时还可以省略,尤其在口语中常被省略。例如:鲁迅著作、电影名字、三班教师、桌子腿等。

(三) 英汉名词性 (gender) 的特征分析

英、汉语名词虽都有性 (gender) 的表示,但它们在语法上都没有严格的阴阳之分,在英语中尚有表示阴性含义的词尾-ess,或表示阴阳区分的单词遗留下来。

例如:

goddess 女神   empress 女皇或皇后   princess 公主   actress 女演员

queen 女王或王后   widow 寡妇   lass 少女   cow 母牛   mare 母马   hen 母鸡

(四) 英、汉名词语法功能的对比分析

1. 名词作主语、宾语和表语的比较

(1) 英、汉语名词在句中都可以作主语、宾语并且用法基本相同。

(2) 英语的表语部分和汉语的判断句后一部分的用法相似,但叫法不一样,英语称其为表语,汉语称其为"宾语"。

例如:We are students. 我们是学生,"students"是表语,"学生"是宾语。

2. 英、汉语名词作状语的对比

和汉语一样,英语名词一般单独不做状语,但它和其他的修饰语一起可在句中做状语成分。最常用的是和数词、形容词、介词短语或其他非谓语形式连用。翻译成汉语时英语的状语有时在汉语句子中做状语,有时做补语。如:

Wait a moment. ("a moment"为状语)

等一会儿。("一会儿"为补语)

He entered the room, his nose red with cold. ("his nose red with cold"为状语)

他鼻子冻得通红地走进房间。("鼻子冻得通红地"为状语)

但是,汉语中表示时间、处所的名词可做作状语,一般的名词不做状语,翻译成英语时需用介词短语或副词词组来表示。如:

We'll meet in London then. ("in London"介词短语作状语)

那么我们伦敦见。("伦敦"表地点的名词作状语)

He left yesterday. ("yesterday"表时间的副词作状语)

他昨天走了。("昨天"表示时间的名词作状语)

联系汉语中的"单纯方位词"和"合成方位词"。

例如:

(1) 六点以后学校放学。（时间状语）School finishes after six. （时间状语）

(2) 我哥哥坐在屋里。（补语）My brother sat in the room. （地点状语）

(3) 墙上有幅地图。（地点状语）There is a map on the wall. （地点状语）

从以上例句可看出汉语的方位名词在英语中可用介词短语表示，在句中一般做状语。

3. 英、汉语名词作定语的对比

英、汉语的名词都可以放在名词中心词的前面，直接对它进行修饰和限定，即做名词中心词的定语；所有格做定语也基本相同。

4. 英语的系表结构与汉语的名词做谓语的对比

英语名词一般不作谓语，但在汉语中有些名词可以做谓语，这种谓语一般可加"是"，很像英语的系表结构。

例如：

(1) 今天星期三。Today is Wednesday.

"星期三"为谓语，"Wednesday"是表语。

(2) 他傻了。He is a fool.

"傻子"为谓语，"fool"是表语。

(3) 这位教师花白的头发。This teacher has gray hair.

"花白的头发"是谓语，"gray hair"为宾语。

第二节　大学英语段落翻译教学模式

段落由各种句子构成，而句子是由单词、短语、从句组成的。在翻译时，我们有时需要对其中的某个短语、分句或是从句进行语法分析，以确定它在句子中所起的作用，例如作定语、状语还是补语等，以便确定它和句子当中的哪一个结构或是成分发生直接的联系。如果分析不恰当，就很容易使译文中的语义发生变化，产生误译。以下我们将分介词短语、名词短语、非谓语动词、从句四个方面具体说明。

一、介词短语

介词短语是英语中相当活跃的元素，出现在绝大多数的句子中。在不同的上下文中，它可以做不同的语法成分，如状语、定语、介词宾语等。但是，在特定的上下文中只能做一种分析，这主要取决于上下文的分析以及对句子结构的分析。

二、名词短语

名词短语在句子中可以充当主语、宾语、表语、同位语等，若分析不当也有可能把它们搞错，所以同样需要根据上下文来具体分析。

非谓语短语主要指现在分词短语和不定式短语。因为这两种非谓语短语在不同的上下文中可以充当不同的语法成分。对于非谓语短语也需要细心分析上下文，避免出错。

三、从句

名词性从句在一个句子中也可以分析为不同的语法成分，因此也存在分析不当误译的问题。

英语句子的基本结构是"主语+谓语+宾语+状语"，但是，有时从修饰的角度出发，为了避免头重脚轻，保持句子的平衡，或是为了强调句子的某一成分，或是考虑到句子与句子之间的衔接，或是为了使文章简练，都会把一些句子成分的位置前后移动，甚至省略，造成正常的句子变得"不正常"，正是这种特殊的结构给我们的翻译带来了很大的困难，稍不细心就会发生误译，处理的方法是抓住句子的关键，理清结构，恢复正常语序，这样才能做到正确翻译。下面分三个方面来具体讲解。

（一）分割结构

英语中的分割结构大体来说可以分为三类，一是主语和谓语被主语的一个定语分割，或是谓语和宾语被谓语后面的状语分割，再就是宾语和状语被宾语的定语分割，二是为了保持句子的平衡，把定语或是同位语前置或是后移，三就是插入语也起分割作用。

（二）倒装结构

英语中有两种倒装，一是全部倒装，二是部分倒装，理解倒装句的关键就是找出主语和谓语。

（三）省略结构

省略句中出现的误译也比较多，究其原因，主要是不能分清哪些是省略掉的。一般说来，当前后有几个句子的谓语是一样的时候，除了第一个不能省略之外，后面几个为了避免重复，往往都会省掉。尤其是 be 形式，同样，当前后几个句子或分句的结构平行的时候，那么后面几个句子或分句中的主语或是宾语、定语、状语都往往会省掉，甚至整个主谓结构或动宾结构都被省掉，只剩下一个副词标志来表明省略结构，因此要善于抓住这些标志。

四、语义型句子和语法型句子

汉语句子为语义型或意合型，英语句子为语法型或形合型换言之，汉语句子的根据在语义，英语句子的根据在语法。在汉语中，衡量一串词语是否成立为句子，要看这串词语能否表达出相对完整的意思。相比而言，汉语句子标准较宽松，句号的位置也有弹性。

比较下例原言语及译文中的标点使用：

正在热闹哄哄的时节，只见那后台里，又出来一位姑娘，年纪约十八九岁，装束与前一个毫无分别，瓜子脸儿，白净面皮，相貌不过中人之姿，只觉得秀而不媚，清而不寒。

五、"话题—说明"结构与"主语—谓语"结构

赵元任先生在《汉语口语语法》一书中指出："在汉语里把主语、谓语当作话题和说明来看待，比较合适。"的确，我们用"话题—说明"的观点看待分析汉语句子，比用传统的"主语—谓语"名称，能更客观地反映汉语句子的实际，更清楚地显示汉英句式结构上的异同，从而避免语法概念的混淆。

汉语句子的"话题"与"说明"是从句子顺序上说的。"话题"是说话人想要说明的对象，总是放在句子开头处。如果语言环境或上下文能暗示话题，也可能省略不提。"说明"部分位于话题之后，对话题进行说明、解释或质疑。"说明"部分与"话题"部分不存在一致关系。"说明"可以是一个名词或动词，也可以是一连串的名词短语或连动结构，还可以由形容词及各种词组充当，对结尾没有限制，可长可短，视语义而定。

汉语的连动句典型地反映出话题的后面一长串说明的特点（因为凡与话题有关的内容都可放在后面对其进行说明），这与英语句子一个主语和一个谓语相一致的结构大不相同。

六、"板块"或结构与"多枝共干"结构

由于汉语的"意合"特点，有些汉语句子的内部成分常常一一罗列，呈现并排式结构，外形上没主从之分，层面之间没有明显的逻辑标记。有人形象地把这种句子称为"板块"式结构，也有人称为"竹节"式结构。

这与上下文讨论过的"话题—说明"结构和"主语—谓语"结构不无关系。与汉语相比，英语句子的"主谓结构"为句子主干，其他成分则通过各种连带附加关系附着在这条主干上，犹如树枝与树干的关系。人们把英语句子的这种结构称作"多枝共干"型。

从下面的译例中可以发现，原文用逗号分隔的小句表面上呈并列关系，到了英文里都变成了主从关系或偏正关系。

（一）话说天下大势，分久必合，合久必分

They say the momentum of history was ever thus: the empire, long divided, must unite; long united, must divide.

momentum: the force that makes a moving object keep moving.

(二) 他们进行挑衅活动，制造紧张局势，必须马上停止

They must stop all their provocations at once, which create tensions.

七、"左分支"结构与"右分支"结构

句子的语序一般以思维的顺序自然展开，而中国人的思维模式基本上是首先考虑事物的环境和外围因素，然后考虑具体事物或中心事件。西方人的思维模式正相反，首先考虑中心事物，然后才加上外围因素。

这种中西思维方式的差异，表现到句子结构上，就是汉语中的状语总放在谓语或句子主体前边，定语无论长短，都置于中心词之前，形成"左分支"结构。这种结构特点往往使得汉语的状语部分长，主谓部分短；主语部分长，谓语部分短；修饰成分长，中心成分短。整体上显得头大尾小，有人将其比作"狮子头"形状。

如：村东头的王大妈来了，受坏人欺骗的村民们也来了。

There came Aunt Wang who dwell at the eastern end of the village, and also came the villagers who had been deceived by the scoundrel, dwell to live in a particular place.

英语句式正相反。英语的定语成分除单词外，多数都置于中心词之后。多数英语状语的正常位置也是置于主干成分之后，由此形成了英语的右分支结构。另外，英语重视末端重量，凡较长的词语或累赘的成分均需后移，有时甚至需使用假主语来避免句子头重脚轻。这样，英文句子多为前短后长，有人将其形容为开屏的孔雀，头小尾大。

例如：

去年他为了完成一个项目在实验室用计算机努力地干了十个月。

He worked hard with a computer in the lab for ten months in order to complete a project last year.

正是由于英汉语言分属不同的语系，各自有着不同的语言类型、文字系统、语音系统以及词法上的差异，因此英汉语言在句法上也存在很大的差异。英译汉时必须使用汉语的句法来表达英语的意思。如果按照英语句法直译，译文将受到英语表达方式的影响和束缚，违反汉语表达习惯。反之，汉译英时也必须采用英语的句法来表达汉语的意思，尽可能适应英语的表达方式和习惯。因此，熟悉英汉语言句法上的差异对正确地进行英汉互译十分重要。

八、英语重形合，汉语重意合

英语重形合、汉语重意合是英汉两种语言在句法特征上的最主要区别之一。所谓形合是指主要靠语言本身语法手段，所谓意合是指主要靠句子内部逻辑联系。

英语句法特征是"形合",注重语法形式和功能。句子要按照语法规则来组织句子,其主语和谓语要求在人称、数、时态、语态上保持一致,主句和从句之间要用关联词衔接起来。因而英语结构紧凑严密,其句义的明确,主要是靠严谨的句子结构,分明的逻辑关系,注重句篇中句子之间的排列、衔接、连贯等。

九、英语句子重心在前,汉语句子重心在后

在复合句中,英汉句子重心差异很大。英语句子重心一般在前,句子的主要部分主句一般放在句首,即重心在前;汉语句子一般按照逻辑和时间顺序,将主要部分放在句尾,形成后重心。例如:

His chief contribution was making me realize how much more than knowledge I had been getting from him.

他使我认识到,我从他那里学到的,远远不只是知识,这是他最大的贡献。

The contract is made by and between the buyer and the seller, whereby the buyer agrees to buy and the seller agrees to sell the under-mentioned commodity according to the terms and conditions stipulated below.

买卖双方同意按下列条款购买、出售下述商品,并签订本合同。

十、英语多用被动语态,汉语多用主动句

从文化性质上看,西方文化属于科学文化,汉语文化属于人文文化。从文化心理上看,科学文化"重物质、轻人伦,价值取向以功利为本位",人文文化"重人伦、轻器物,价值取向以道德为本位"。两种文化不同的取向表现在思维方式上,英语民族喜欢站在客观角度思考问题,汉民族喜欢站在主观角度思考问题。这在英汉语言上就表现为英语使用被动语态较多,尤其在科技英语中被动语态使用得更多,汉语使用被动语态较少,而多用主动句。

语态分为主动语态和被动语态,它们在英汉语言中的使用情况很不相同。一般来说,英语多用被动语态,汉语则较少使用,即使使用,也不像英语那样有固定或比较统一的构成形式。汉语的被动主要用"被"字句表示,常常借用汉语词语"被""叫""给""让""由""遭""受""得""为……所""是……的""可以由""加以"等表达被动含义。所以英译汉时应将英语的被动句转换为汉语的主动句。

第三节 大学英语语法翻译教学模式

对于一种语言的学习,想快速地从整体上把握它的规律,往往先从它的语法开始。这

是因为语法是从众多的语法单位里抽象出其中共同的组合方式或类型，以及如何表达语义的规则，它是从词和句的个别和具体的东西中抽象出来，把作为词的变化和用词造句的基础的一般的东西，当然也是最根本的东西。既然语法是对语言普遍规律的总结，那么不同的语法之间是否也存在着相同点呢？答案是肯定的。

对于当今世界使用最广的英语与汉语，在某些方面一定是有相似性的，在学习的过程中，二者可以成为帮助掌握对方语言的一种工具，但就对于其中一种语言的学习与研究不可完全套用另一种的语言的语法，这是因为在更大程度上二者是不同的。

首先来看汉语语法与英语语法的一致性。汉语里有主谓宾、动词、名词、形容词，英语也有。比如，"孩子们喜欢漂亮的花朵。"译成英文则是"Children like beautiful flowers."在这句话当中，汉语与英语的主语分别是"孩子们"和"Children"，谓语是"喜欢"和"like"，宾语是"漂亮的花朵"和"beautiful flowers"。动词、名词、形容词也很明显是一致的，汉语与英语中用来修饰名词的定语同时又是形容词的"漂亮的"和"beautiful"也一一对应。在这种句子结构完全一致的情况下用汉语分析英语或反之都是可以的，而碰到两种语言不一致的地方，就坚决不能用这种语言的语法套用那种语言的语法。平时在课堂里英语语法讲得多，汉语语法讲得少，因此同学们对英语语法更为熟悉，对汉语语法反倒生疏。易用语法知识去分析问题，就很容易用英语语法的知识去分析汉语句子。比如英语里有"a red apple（一个红苹果）"，"a"是冠词，而汉语里却没有冠词。同样，英语里没有量词，谁要是将"a piece of news（一条消息）"中的"piece"说成是量词，英国人也绝不会同意。所以一定要注意汉语语法与英语语法的区别。

下面来详细分析二者的不同点。

第一，在词类方面不一样。汉语的名词里有方位词，如"里、内、外、上、下、前、后、左、右、中"等，其中的几个在英语里融入了介词，有的成了形容词。因此，见到了汉语的方位词，就不能说它们是介词或形容词。汉语的许多动词后面能够加"着、了、过"，于是大家容易认为"着"是现在时，"了、过"表示过去时，但汉语中的"着、了、过"并不表示"时态"。"他昨天吃着饭还看书呢""他明天看着电影还会想到我的"，这里的"着"与两个句子的过去时和将来时显然无关。

第二，在句子成分方面不一样。汉语里有主语、谓语、宾语、补语、定语、状语六大句子成分，英语还有一个补语。英语中用状语表示汉语用补语表示的意思，而在汉语中，则用宾语表示英语里的表语。我们见到"他在这儿逗留了三个小时（he stayed here three hours）"，就不能把"三个小时"当作状语而要当作补语。在句子"他是学生（he is a pupil）"中，就不能说"学生"是表语，而应当是宾语。其他的句子成分也有很多不一样的地方。如汉语里有把字句，如"他把书包拿走了"，"把书包"要分析为状语。英语里则没有把字句，或者说，在英语中，汉语的"把字句"被译为"被动句"。我们可以说"He takes the school bag"或"The school bag is taken by him"。前者的"takes school bag"构成了整个句子的动宾部分,后者则由"The school bag"做主语,"taken"做表语,句子的结构已经完全改变。第三,句式方面不一样。英语里当然有一些非主谓句,如"Wonderful!(妙极了!)"但是这样的句子极少。汉语里面的非主谓句则很多。除了一个词构成的非主谓句,如:"棒!""好!"之外,汉语里还有大量由各种短语构成的非主谓句,如"好球!""我的帽子呢?""我的老天爷!""你这个小鬼!""瞧你!""下雨了""刮风了"等。如果用英语表现这些意思,则需要用一个主谓宾或主系表皆齐全的句子。更特殊的是,在汉语里,有一种主谓语句。"他脸色苍白""这个人鼻梁很高""这里的树,杨树居多"这些句子的谓语都是主谓短语。而在英语中,这种句式结构是无法表现的。

以上都只是举例性地说明了汉语语法和英语语法的相同点与不同点,二者更全面更细致的异同还需在不断地学习研究中探索。只有了解掌握了这些异同,才能在今后的汉语或是英语学习中运用这种工具以达到事半功倍的效果。

一、现代汉语语法 VS 英语语法

现代汉语里一般的句子成分有六种,即主语、谓语、宾语、定语、状语和补语。英语的基本成分有六种:主语(subject)、谓语(predicate)、表语(predicative)、宾语(object)、定语(attribute)和状语(adverbial)。

在英语句子成分中,有些具有形态标志。如第一人称代词作主语就用主格"I",做宾语用宾格"me",做定语用所有格"my"。这些形态变化对分析辨认成分很有帮助。汉语与英语就句子成分表面上看来差不多,实际上有不少差别。

例1:Xiao Li went to bed as soon as he came home.

小李回家后,立刻就睡觉了。

例2:I'll go when I have had my dinner.

我吃了饭就去。

在英语中,同一个主语在第二次出现时不能省略,必须把每个谓语所陈述的对象都表示出来。而在汉语中,同一个主语在句中第二次出现时,就可以省略。如例(一)中,汉语说"小李回家后立刻就睡觉了",省去了第二个分句的主语,可以避免造成误解。若将第二次出现的主语补出来,说成"小李回家后,他立刻就睡觉了"。听的人反而可能把那个"他"误会成另一个人。

二、英语和汉语的十大区别

(一)英语重结构,汉语重语义

我国著名语言学家王力先生曾经说过:"就句子的结构而论,西洋语言是法治的,中国语言是人治的。"我们看一看下面的例子:

Children will play with dolls equipped with personality chips, computers with in built personalities will be regarded as workmates rather than tools, relaxation will be in front of smell television, and digital age will have arrived.

译文：儿童将与装有个性芯片的玩具娃娃玩耍，具有个性内置的计算机将被视为工作伙伴而不是工具，人们将在气味电视前休闲，到这时数字时代就来到了。

in built：成为固定装置的，嵌入墙内的；内在的，固有的。

这句英语是由四个独立句构成的并列句，前三个句子都用简单将来时，最后一个句子用的是将来完成时，句子之间的关系通过时态、逗号和并列连词 and 表示得一清二楚。而汉语译文明显就是简单的叙述，至于句子之间的关系完全通过句子的语义表现出来：前三个句子可以看成是并列关系，最后一个句子则表示结果。

（二）英语多长句，汉语多短句

由于英语是"法治"的语言，只要结构上没有出现错误，许多意思往往可以放在一个长句中表达；汉语则正好相反，由于是"人治"，语义通过字词直接表达，不同的意思往往通过不同的短句表达出来。正是由于这个原因，考研英译汉试题几乎百分之百都是长而复杂的句子，而译成中文经常就成了许多短小的句子。例如：

Interest in historical methods had arisen less through external challenge to the validity of history as an intellectual discipline and more for internal quarrels among historians themselves.

译文：人们对历史研究方法产生了兴趣，这与其说是因为外部对历史作为一门知识学科的有效性提出了挑战，还不如说是因为历史学家内部发生了争吵。

discipline：身心的锻炼，训练；纪律，风纪，命令服从；惩戒，惩罚；学科，科目。

英文原句是一个典型的长句，由 27 个词组成，中间没有使用任何标点符号，完全靠语法结构使整个句子的意思化零为整，使用 less through…and more from 构成一个复杂的状语修饰动词 arisen。在中文中，"产生兴趣"这一重要内容通过一个独立的句子表达，两个不同的原因则分别由不同的句子表达，整个句子被化整为零。

（三）英语多从句，汉语多分句

英语句子不仅可以在简单句中使用很长的修饰语使句子变长，同时也可以用从句使句子变复杂，而这些从句往往通过从句引导词与主句或其他从句连接，整个句子尽管表面上看错综复杂却是一个整体。汉语本来就喜欢用短句，加上表达结构相对松散，英语句子中的从句翻译成汉语时往往成了一些分句。

例如：On the whole such a conclusion can be drawn with a certain degree of confidence but only if the child can be assumed to have had the same attitude towards the test as the other with whom he is compared, and only if he was not punished by lack of relevant information which they possessed.

译文：总的来说，得出这样一个结论是有一定程度把握的，但是必须具备两个条件：能够假定这个孩子对测试的态度和与他相比的另一个孩子的态度相同；他也没有因缺乏别的孩子已掌握的有关知识而被扣分。

原文中两个 only if 引导的从句显然使整个句子变得很复杂，可是由于有并列连词 but 和 and，整句话的逻辑关系十分清楚：……能够得出结论……但是只要……而且只要……。从上面的译文我们可以看出，为了使中文表达更加清楚，but only if…and only if…被翻译为"但是必须具备两个条件……"，这种做法给我们的感觉是译文中没有从句，有的只是一些不同的分句。

（四）主语、宾语等名词成分"英语多代词，汉语多名词"

在句子中，英语多用名词和介词，汉语多用动词。英语不仅有 we、you、he、they 等人称代词，而且还有 that、which 之类的关系代词，在长而复杂的句子中，为了使句子结构正确、语义清楚，同时避免表达上的重复，英语往往使用很多代词。汉语虽然也有代词，但由于结构相对松散、句子相对较短，汉语里不能使用太多的代词，使用名词往往使语义更加清楚。请看下面的例句：

There will be television chat shows hosted by robots, and cars with pollution monitors that will disable them when they offend.

译文：届时，将出现由机器人主持的电视访谈节目及装有污染监测器的汽车，一旦这些汽车污染超标（或违规），监测器就会使其停驶。

（五）英语多被动，汉语多主动

英语比较喜欢用被动语态，科技英语尤其如此。汉语虽然也有"被""由"之类的词表示动作是被动的，但这种表达远没有英语的被动语态那么常见，因此，英语中的被动在汉译中往往成了主动。下面我们先看一组常用被动句型的汉译：

It must be pointed out that…必须指出

It must be admitted that…必须承认

It is imagined that. …人们认为

It can not be denied that…不可否认

It will be seen from this that…由此可知

It should be realized that…必须认识到

It is (always) stressed that…人们（总是）强调

It maybe said without fear of exaggeration that…可以毫不夸张地说

这些常用被动句型属于习惯表达法，在科技英语中出现频率很高，考生不仅要熟悉这些句型的固定，同时要认识到许多英语中的被动从习惯上来讲要译成汉语的主动。我们再看一个典型的例子：

And it is imagined by many that the operations of the common mind can be by no means compared with these processes, and that they have to be required by a sort of special training.

译文：许多人认为，普通人的思维活动根本无法与科学家的思维活动相比，认为这些思维活动必须经过某种专门训练才能掌握。

原文中有三个被动语态 is imagined、be compared 和 bere quired，译成汉语都变成了主动表达：认为、相比和掌握。

有些英语被动需要把主语译成汉语的宾语，这样才能更加符合中文的表达习惯。例如：

New sources of energy must be found, and this will take time, but it is not likely to result in any situation that will ever restore that sense of cheap and plentiful energy we have had in the past time.

译文：必须找到新的能源，这需要时间；而过去我们感觉到的那种能源价廉而充足的情况将不大可能再出现了。

restore：归还；恢复，复兴；恢复健康，复原。

第四节　大学英语语篇翻译教学模式

句子是语法分析的理想单位，但在运用语言进行实际交往中，语言的基本单位则是语篇。语篇是由句子组建而成的，它是人们运用语言符号进行交往的意义单位，故可长可短。一部长篇小说是一个语篇，一个句子或短语，甚至一个词，都能构成语篇。因此，译者一定要把握好对语篇的翻译。

一、语篇概述

"语篇"这个术语在不同学者的著述中具有不同的含义。胡壮麟在其《语篇的衔接与连贯》一书中指出，语篇是"任何不完全受句子语法约束的在一定语境下表示完整语义的自然语言"。英国当代语言学家韩礼德和哈桑在《英语中的衔接》中指出："语篇指任何长度的、在语义上完整的口语和书面语的段落，它与句子或小句的关系不在于语篇的长短，而在于衔接。""语篇与非语篇的根本区别在于是否具有语篇性——而语篇性是由衔接关系形成的。"

概而言之，语篇是高于句子的语言层面，能够独立完成某种特定交际功能的语言单位。语篇是语言结构和翻译的最大单位。语篇可以对话（dialogue）形式出现，也可以独白（monologue）形式出现；可以是众人随意交谈，也可以是挖空心思地诗作或精心布局的小说或故事。但是，需要注意的是，语篇并不一定就是一大段话，只要是表达了一个完整的意思，那么一个词语也可以称为语篇。例如，溺水者高呼一声："Help！"这简单的一个词也可构成完整的语篇；公共场所的告示"No smoking"，虽然是个短语，但它是一个完整的语义单位，有其交际目的和功能，也应看作完整的语篇。

随着语篇意识的不断推广，语篇翻译的理念逐渐受到重视。翻译的视角也从以句子为中心的模式转移到了整体语篇的翻译模式，以语篇为基准进行翻译操作。译者要实现译文的功能和目的，通常需要以篇章为翻译单位，即从篇章着眼，从词、词组、句子、语段等不同平面着手，达到译义的衔接与连贯以及整体格调、布局的得体。例如：

Working for President Ronald Reagan, Mr Bush was a silent and subservient vice president, a former rival who gave himself the task of proving his loyalty by staying in the back—ground and never speaking out when his beliefs differed from those of his boss. In his own White House, Mr Bush is encouraging a different chemistry with the man who has taken his place.

布什先生为里根总统效力时曾是一位缄默顺从的副总统。因为他曾是里根的竞争对手，（当了副总统后）他要证实自己对里根的忠诚就尽量不突出自己；在自己的观点与主子相左时，他总是把话放在肚子里。现在布什自己入住白宫，他很希望与接替他原来位置的人（指副总统戈尔）以一种不同的关系相处。

根据上下文，例中的 chemistry 在这里不能解释为"化学"，而是表达（人与人之间的）"关系"。语篇作为一种"交际活动"，有其自身的标准。语篇语言学者博格兰德和德雷斯勒认为，它必须具备七项标准：衔接性、连贯性、意向性、可接受性（Acceptability）、语境性、信息性和语篇参照性（互文性）。

语篇具有语篇特征，即一个连贯的语篇必须具有衔接成分，同时必须符合语义、语用和认知原则，句子与句子之间在概念上必须有联系，句与句的排列必须符合逻辑。判断语篇的标准，不在于有没有衔接词，而在于是否有意义上的联系。韩礼德与哈桑在其合著的《英语的衔接》中，曾就语篇的特性提出既通俗易懂又十分精辟的论断：

A text is a unit of language in use. It is not a grammatical unit, like a clause or a sentence; and it is not defined by its size…A text is not something that is like a sentence, only bigger; it is something that differs from a sentence in kind. A text is best regarded as a semantic unit: a unit not of form but of meaning. Thus it is related to a clause or sentence not by size but by realization, the coding of one symbolic system on another. A text does not consist of sentences: it is realized by, or encoded in, sentences.

译者语篇意识的强弱对译文质量起着决定性的作用。强调语篇意识是指译者不要仅仅把词、句看作互不相连的单独的个体，而是要在更宏观的语篇框架下把单词、小句看成有机的一个整体进行理解，通过细致地研究文章的遣词造句以揣摩作者字里行间渗透出的深层含义。有语篇意识的译者对于词汇的把握不仅仅停留在单独的、分离的词素单位上，而会从更广义的语篇层面上对词义进行理解。有了语篇意识的介入，译者在翻译时必须更透彻地理解原文的语篇层面，包括文化语境、作者的交际意图、文体以及风格等。例如，Waterloo Bridge：魂断蓝桥；Rebecca：蝴蝶梦；The Bridges of Madison Country：廊桥遗梦；Along the Silk Road：丝路花语。

英文中有大量词汇是多义词，如果不考虑它所出现的语境而生搬硬套地随便翻译，不仅会给读者以误导，还不能忠实地传达原文的信息。以上四例如果直译，就会分别变成"滑铁卢桥""丽贝卡""麦迪逊镇的桥"和"沿着丝绸的路"，既不能传递出作者所要表达的内容，又不能给人以美好的想象，这样的翻译十分失败。这也再一次证明语篇意识对译者的重要性。

二、英汉语篇比较

语篇结构是某一特定文化中组句成篇的特定方式，是一种约定俗成的、相对稳定的语言使用习惯，是文化因素在语言运用过程中长期积淀的结果。语篇是由段落组成的，段落是由句子组成的。语篇要求内容一致、意义连贯，要求用有效的手段将句子、句群、段落连成一个有机的整体。

与句子相比，篇章具有自己的特点。它不是一连串孤立句子的简单组合，而是一个语义上的整体。从语言形式上看，篇内各句、段之间存在着粘连性，如连接、替代、省略、照应；从语义逻辑上看，全篇通常有首有尾，各句段所反映的概念或命题具有连续性，而不是各不相关。每个句子都起着一定的承前启后的作用，句与句、段与段的排列一般都符合逻辑顺序。

（一）英语语篇结构

英语语篇一般是由几个相互关联的段落组成的，每一段阐述一个要点。文章结构具有系统性、严密性的特点。一篇结构完整、脉络清晰的文章应具有三个主要的组成部分：引言段、正文和结尾段。

引言段位于文章的开头，其最基本的作用是引导读者阅读文章的其余部分。引言在全篇文章中所占的比例较小，用于说明文章讨论的是什么问题，将要谈哪些问题等。引言段一般包括两部分：概括性的阐述和主题的阐述。概括性的阐述是指引出文章的主题，简要提供有关主题的背景信息，以引起读者的注意，便于读者了解文章论题的由来，对文章的意图和意义产生兴趣。文章主题的阐述就像段落的主题句一样，阐明文章的主题。它包含了正文具体论述扩充的内容，同时也表明作者的态度、意见、观点。与段落主题句相比，主题的阐述更为宽阔，它表达整篇文章的中心思想，并可能表明整篇文章的组织构思方法。主题阐述常位于引言段的结尾处。

文章的正文也称主体，是文章的核心，位于引言段之后。正文一般由一个或多个段落组成，在文中占较大篇幅。作者在正文的写作中围绕引言部分所提出的主题选用相关细节和事实依据说明和解释主题并深化主题，使主题思想得到升华。主题一般由若干个次主题组成，每个段落阐述一个次主题，所以正文中段落的数目一般由次主题的数目决定。正文部分实际上就是通过对次主题的逐一论证达到对主题的论证的。正文部分的逻辑性，如正文内容的安排顺序和层序等，都是依据主题对各个次主题地统率，次主题对事实、数据、细节地统率体现出来的。

结尾段位于文章的末尾，是整篇文章不可缺少的组成部分，是要点总结。它总结归纳文章正文阐述的观点，并重申主题，与引言段首尾呼应。由于这是作者展示论点的最后机会，所以结尾段应该警策有力而又耐人寻味。

英语语篇思维模式的特点是：先总括，后细节；先抽象，后具体；先综合，后分析。作者往往直截了当地声明论点，然后逐渐地、有层次地展开阐述，非常注重组织、注重理性，主从层次井然扣接，句子组织环扣盘结。

（二）汉语语篇结构

汉语语篇的思维模式既包括英语语篇的思维模式，又具有自己的独到之处。总体来说，它是比较灵活的，其论点的提出取决于文章思路的安排，也就是说，可根据文章的内容、性质和论证的方式与方法等因素在最恰当的地方提出论点。根据论点在文章中的位置，汉语语篇模式可分为文首点题、文中点题和文尾点题等。

英汉两种语言在语篇结构方面有许多相似之处。在语篇的表现形式上，两者都很灵活、多样。无论是英语的语篇还是汉语的语篇都可长可短，而且都具备完整的意义和交际功能。在语篇的结构上，两者都要求具有艺术性，也就是说，在谋篇布局的各个方面，包括开头结尾的照应、段落的安排、内容的详略等，作者都要深思熟虑，精心谋划。

三、语篇分析在翻译中的运用

语篇分析是美国语言学家哈里斯于1952年首先提出来的一个术语，后来被广泛用于社会语言学、语言哲学、语用学、符号学、语篇语言学等领域。自从翻译界将"语篇分析"这个语言学研究的成果嫁接到翻译学科，翻译界对"上下文"的认识有了一个飞跃，从感性上升到理性，从经验上升到理论。掌握了"语篇分析"理论，译者就能在跋涉译林时，既看到树木，也看到整片森林；就能将原文的词、句、段置于语篇的整体中去理解、去翻译。这样，译文的整体质量就有了很大的提高。语篇分析的基本内容包括衔接手段、连贯、影响语篇连贯的因素，其中对译者而言，最为重要的是衔接与连贯。

句子或句群不是杂乱无章地堆砌在一起构成段落与篇章，相反，它们总是依照话题之间的连贯性和话题展开的可能性有规律地从一个话题过渡到另一个话题的。篇章的存在要求其外在形式和内在逻辑,即衔接和连贯具有一致性。作为语言实体,段落与篇章在语义上必须是连贯的,而连贯性在很大程度上需要靠语内衔接来实现。连贯是首要的,衔接要为连贯服务。翻译工作者为了使译文准确、通顺,就必须处理好衔接与连贯的问题。在英译汉实践中,译者应该首先吃透原文,了解作者怎样运用衔接手段来达到连贯目的,然后根据英汉两种语言在形式与逻辑表达上的差别通权达变。

(一)语篇的衔接

衔接是篇章语言学的重要术语,是语段、语篇的重要特征,也是语篇翻译中的一个重要环节。衔接的优劣,关系到话语题旨或信息是否被读者理解和接受。所谓语篇衔接,就是使用一定的语言手段,使一段话中各部分在语法或词汇方面有联系,使句与句之间在词法和句法上联系起来。例如:

The human brain weighs three pounds, but in that three pounds are ten billion neurons and a hundred billion smaller cells. These many billions of cells are interconnected in a vastly complicated network that we can't begin to unravel yet…Computer switches and components number in the thousands rather than in the billions.

人脑只有三磅重,但就在这三磅物质中,包含着一百亿个神经细胞,以及一千亿个更小的细胞。这上百亿、上千亿的细胞相互联系,形成一个无比复杂的网络,人类迄今还无法解开其中的奥秘……电脑的转换器和元件只是成千上万,而不是上百亿、上千亿。

在上例中,billion一词重复出现了四次:ten billion neurons, a hundred billion smaller cells, these many billions of cells, in the billions。很显然,前两次所说的是不同的两种细胞,而第三次是对前两次所说的两种细胞的统称,而第四次是指那两种细胞的数量。因此,在翻译时要对billion一词加以注意,应将英语的数目概念改成汉语的数目概念,照顾语篇的连贯,切忌把These many billions译成"这许多十亿"和把in the billions译成"数以十亿计",这样会切断语篇的连贯性,让读者不明所以。

句组中的各个句子之间、句组与句组之间需用不同的衔接手段来体现语篇结构上的黏着性和意义上的连贯性。语篇的衔接手段大体可分为词汇手段、语法手段两大类。

1. 词汇手段

语篇的连贯可以通过词汇衔接手段予以实现。韩礼德和哈桑认为,英语词汇衔接关系可分为两类:同现关系(collocation)和复现关系(reiteration)。此外,运用逻辑连接法也可实现语篇的连贯。

(1)词语之间的同现关系。同现关系指的是词语在语篇中同时出现的倾向性或可能性。一些属于同一个"词汇套"(lexical set)或同一个"词汇链"(lexical chain)的词常常一起出现在语篇中,衔接上下文。例如thirsty一词常会使人们联想到drink, water, soda water, mineral water, tea, coffee, coke, beer等词,这些词可能会在语篇中同时与thirsty

一词出现。除了这种词之外，反义词也常用来构成词语之间的同现关系。反义词的两极之间可以存在表示不同程度或性质的词语，如在 hot 和 cold 之间尚有 warm, tepid, lukewarm, cool 等词。

例：John is a good teacher. But he is a bad husband.

约翰是一位出色的教师，但他不是好丈夫。

上述例子中的 good，bad 这一对反义词就构成了两句话之间存在的同现关系。

此外，互补词也能确立词语之间的同现关系。

（2）词语之间的复现关系。韩礼德和哈桑认为复现关系主要是通过反复使用关键词、同义词、近义词、上义词、下义同、概括同等手段体现的。词语的不同复现手段往往能显示不同的文体或风格特征。他们通过下列例子证明了自己的观点。

原句：There's a boy climbing that tree. 有一个男孩正在爬那棵树。

①The boy's going to fall if he doesn't rake care. 那个男孩将会掉下来如果他不小心。

②The child's going to fall if he doesn't take care. 那个孩子将会掉下来如果他不小心。

③The lad's going to fall if he doesn't take care. 那个少年将会掉下来如果他不小心。

④The idiot's going to fall if he doesn't take care. 那个笨蛋将会掉下来如果他不小心。

上例中，①②③④是对原句的复现。①是 boy 一词复现，②中的 child 是 boy 一词的上义词，③中的 lad 是 boy 的同义词，④中的 idiot 属于概括词，口语中可泛指人（常含贬义色彩或熟稔口吻）。

原句：I turned to the ascent of the peak. 我向顶峰攀登。

①The ascent is perfectly easy. 攀登是十分容易的。

②The task is perfectly easy. 这项任务是十分容易的。

③It is perfectly easy. 它是十分容易的。

③1nle climb is perfectly easy. 攀登是十分容易的。

⑤The thing is perfectly easy. 这件事是十分容易的。

上例中，原句和①②③④⑤句之间存在着复现关系，其衔接就是通过词汇手段实现的。①的手段是重复使用关键词；②的手段是使用上义词；③的手段是运用代词；④的手段是使用同义词；⑤的手段是使用概括词。

（3）运用逻辑连接语。逻辑连接语（logical connectors）指的是表示各种逻辑意义的词、短语或分句，包括以下几种：

①表示句子之间（含句组之间）的时间关系（temporal relation）的逻辑连接语。

②表示句子之间的因果和推论关系（causal/resultive/inferential relation）的逻辑连接语，如 consequently, so, otherwise, then, hence, because, BS a result, for this reason, in that case 等。

③表示附加关系（additive relation）的逻辑连接语，如 by the way, in other words, for instance, likewise, similarly, and, or 等。

④表示句子之间的转折和对比关系（adversative/contrastive relation）的逻辑连接语，如 however, but, yet, never the less, in fact, in any case, on the contrary 等。

⑤表示位置（location）、方向（direction）和地点（location）等意义的逻辑连接语，如 over, here, there, under, above, down, up, nearby, further, beyond, beneath, adjacent to, close to, near to, next to, in front of, on top of。

2. 语法手段

句子或句组之间的衔接可以通过语法手段予以实现。其中较为常见的语法手段有以下几种。

（1）动词的时、体变化。动词的时和体可以在句子中起到衔接的作用。例如：

①The boy stopped running. He saw his mother. 那个男孩停止跑动，他看到了他的母亲。

②The boy stopped running. He had seen his mother. 那个男孩停止跑动，因为他看了他的母亲。

从动词的时、体变化角度可看出，句①中的两句之间，存在动作发生的时间顺序关系，而句②中的两句之间既存在着动作发生的时间顺序关系，又存在着因果关系。

（2）照应手段。照应（reference）指的是词语与其所指对象之间的关系。在语篇中，如果对于一个词语的解释不能从词语本身获得，而必须从该词语所指的对象中寻求答案，就产生了照应关系。因此，照应是一种语义关系，是表示语义关系的一种语法手段，也是帮助语篇实现其结构上的衔接和语义上的连贯的一种主要手段。照应关系可分为两种类型：语内照应（endophora）和语外照应（exophora）。语内照应又可分为两种情况：一种是"上指"（anaphora, 亦称"反指"），即用一个词或词组替代上文中提到的另一个词或词组。另一种情况是"下指"（cataphora, 亦称"预指"），即用一个词或短语来指下文中即将出现的另一个词、短语乃至句子。语外照应是指在语篇中找不到所指对象的照应关系。

（3）替代。替代（substitution）是一种既可避免重复又能连接上下文的手段，指的是用代替形式（substitute）来取代上文中的某一成分。替代是一种语法关系，与照应表达对等关系不同，它表达的是一种同类关系。在语篇中，替代形式的意义必须从所替代的成分那里去查找，因而替代是一种重要的衔接语篇的手段。替代可分为名词性替代（nominal substitution）、动词性替代（verbal substitution）和分句性替代（clausal substitution）等多种形式。与英语相比，汉语中替代手段使用的频率较低，汉语往往使用原词复现的方式来达到语篇的衔接与连贯。英语可以用代词 so, do, do the same 等替代形式来替代与上文重复的成分，形成衔接。但是汉语没有类似的替代形式，通常需要用词义重复来连接。因此，译者在翻译时应注意英、汉语的不同表达习惯。

例：The Americans are reducing their defense expenditure this year. I wonder if the Russians will do too.

美国人今年在削减国防开支，我怀疑俄罗斯人也会这样做。

例中 do too 替代了 reducing their defense expenditure，体现出英语的简洁性。

例：Everyone seems to think he's guilty. If no doubt he'11 offer to resign.

似乎每个人都认为他是有错的。如果是这样，毫无疑问，他将会提出辞职。

例中的 so 替代了前文的分句 everyone seems to think he's guilty，简洁明了。

例：Electrical charges of a similar kind repel each other and those that are dissimilar attract.

同性电荷相斥，异性电荷相吸。

此例中代词 those 替代了前文中的 electrical charges，译文则采用的是"电荷"这一名词。

（4）省略。省略（ellipsis）指的是把语言结构中的某个成分省去不提。句中的省略成分通常都可以从语境中找到，这样句与句之间就形成了连接关系。同替代一样，省略（ellipsis）的使用也是为了避免重复，突出主要信息，衔接上下文。作为一种修辞方式，它符合语言使用的经济原则。省略可看作一种特殊的替代——零替代（substitution by zero）。省略是一种重要的语篇衔接手段。省略也可分为名词性省略（nominal ellipsis）、动词性省略（verbal ellipsis）和分句性省略（clausal ellipsis）。相比较而言，英语的省略现象比汉语要多一些。因为英语的省略多数伴随着形态或形式上的标记，不容易引起歧义。

例：Everybody has a responsibility to the society of which he is a part and through this to mankind.

每个人都对他所属的社会负有责任，通过社会对人类负有责任。

英语有 to 这一形式标记，说明省略的动词成分，这样能使前后衔接，结构紧凑，汉语的习惯则要求重复这一成分。

在省略这一衔接手段中，译者尤其需要注意的是汉语经常省略主语，因为汉语具有主语控制力和承接力强的特点，在汉语语篇中，当主语一次出现后，在后续句中可以隐含。

例：Arthur Clarke was born in Mine head, England. Early interested in science, he constructed his first telescope at the age of thirteen. He was a radar specialist with the Royal Air Force during World War 1I. He originated the proposal for use of satellites in communication. .

阿瑟·克拉克生于英格兰的明海德镇。自幼喜爱科学，十三岁时制作了自己的第一架望远镜，第二次世界大战期间是皇家空军的一位雷达专家，曾首先提议将卫星用于通信……

在上例中，英语句子在结构上是比较工整的，每个句子都有主语。而在汉语的译文中，只要意思明确，句子的主语可以省略，一个主语可以管一个小的段落。

例：What matters if there are some difficulties. Let them blockade US. Let them blockade US for eight or ten years. By that time, all of the China's problems would have been solved.

（即便）多（或）少（有）一些困难怕什么，（让他们）封锁吧，封锁十年（或者）八年，（到那时）中国的一切问题都解决了。

从此例中我们可以看出，英语的表达具有很强的实际意义，在翻译时要首先把省略的部分补齐，才能够结构完整，衔接紧密。汉语中括号内的词语是隐含的，所以在译成英语时，括号里的词语的意义是绝不能省略掉的。

（5）连接。连接（connection）是表示各种逻辑意义的连接手段，连接词又称"逻辑联系语"。连接词既可以是连词，也可以是具有连接意义的副词、介词及短语，还可以是分句。连接关系是通过连接词以及一些副词或词组实现的。连接词在语篇中具有专业化的衔接功能，表明了句子间的语义关系，甚至通过前句可从逻辑上预见后句的语义。通过使用各种连接词语，句子间的语义逻辑关系可以明确表示出来。

语篇中的连接成分是具有明确含义的词语。通过这类连接性词语，人们可以了解句子之间的语义联系，并且可以根据前句预见后续句的语义。韩礼德将英语的连接词语按其功能分为四种类型，即：添加、递进、转折、因果、时序。这四种连接词的类型可分别由 and，but，so，then 这四个简单连词来表达。它们以简单的形态代表这四种关系。

添加、递进是指写完一句话之后，还有扩展余地，可以在此基础上再添加某些补充信息。表示添加、递进的连接词语有 and，furthermore，in addition，what is more 等。

转折是指后一句的意义与前一句的意义截然相反。前一句的陈述是肯定的，后一句却是否定的；前一句是否定的，后一句则是肯定的。表示转折关系的连接词语有 but，on the other hand，however，conversely 等。

因果连接是指以各种不同方式体现的原因与结果的关系。表示因果关系的连接词语有 because，so，for this reason，consequently 等。

时序性连接词语表示篇章的事件发生的时间关系，这类词语有 formerly，first，then，in the end，next 等。请看下面例子。

例：My client says he does not know this witness. Further, he denies ever having seen her or spoken to her.

我的当事人说他并不认识这位证人。更深一层地说，他否认见过这位证人或与她说过话。

此例中后面补充的语义实质上是对前面内容的扩展和肯定，并使两个句子紧密地连接起来。

例：I am afraid I'll be home late tonight. However, I won't have to go in until late tomorrow.

我担心今晚回家会晚。可是，我不会一直晚到明天才回家的。

此例中，前一句是陈述句，后一句是否定句，后一句的意思与前一句完全不同。

例：Chinese tea is becoming increasingly popular in restaurants and even in coffee shops. This is because of the growing belief that it has several health giving properties

中国的茶艺在餐厅甚至是咖啡厅里越来越流行。这是因为人们逐渐相信茶里含有许多对健康有益的物质。此例中，前一句是描述结果，而后一句则是对前一句这一结果产生的原因的解说。

作为语篇中的衔接手段，英语的连接词和汉语的连接词之间存在着若干相同点。首先，它们的功能是相同的，语篇连接词本身就是意义明确的选项，它们在语篇中衔接句子与句子，或者衔接段落与段落时，能够明白无误地表达句子之间或段落之间的语义联系和逻辑关系。此外，无论是英语还是汉语，在绝大多数情况下，连接词都出现在句首的位置，它们就像纽带一样，将前句与后句或前段文字与后段文字紧密地连接起来。

但是，在语篇层面的连接方式上，汉语呈隐性，英语则是显性的，或者说在语篇层面英语重形合，要用连接词把各句连起来，所以有些研究者把英语称作链语（chain language）。

（6）排比结构。排比结构整齐匀称，意义连贯，能使语言产生和谐的均衡美。它既是一种修辞手法，也是语篇的一种衔接手段。例如：

①If you prick us, do we not bleed? 你们要是用刀剑刺我们，我们不是也会出血的吗？
②If you tickle us, do we not laugh? 你们要是搔我们的痒，我们不是也会笑起来的吗？
If you poison us, do we not die? 你们要是用毒害我们，我们不是也会死的吗？
And if you wrong us, shall we not revenge? 那么要是你们欺侮了我们，我们难道不会复仇吗？

这是莎士比亚的《威尼斯商人》中的名言。同样的句式，整齐排列，译文也采用了排比结构，意思连贯，具有和谐美。

由于衔接是通过词汇或语法手段加以实现的，所以学者们认为它是语篇的"有形网络"。译文也要通过一定的衔接手段，将句子与句子、段落与段落按照逻辑组织起来，构成一个完整或相对完整的语义单位。但是，由于英语和汉语存在不同的语言特点，其衔接手段的侧重点和频繁度也有所不同。英语是形合语言，注重表层语言结构成分的前后照应与衔接。而汉语是意合语言，更注重句子成分之间的逻辑关系，在行文时多以意相连，省略和关联衔接更为频繁。总之，在英汉互译时，译者要通过正确理解联句成篇的衔接手段，更好地把握原文作者的完整逻辑思路，并在生成译文语篇时对原文的衔接方式进行必要的转换和变化，将句子与句子、段落与段落按照逻辑组织起来，构成一个完整或相对完整的语义单位。

（二）语篇的连贯

语篇既然是语义单位，那么能够称作"语篇"的语言实体必须在语义上是连贯的（Text must be coherent）。语义连贯是构成话语的重要标志。衔接是通过词汇或语法手段使文脉贯通，而连贯是指以信息发出者和接受者双方共同了解的情景为基础，通过逻辑推理来达到语义的连贯。如果说衔接是篇章的有形网络，那么连贯则是篇章的无形网络。译者只有理解看似相互独立、实为相互照应的句内、句间或段间关系并加以充分表达，才能传达原作的题旨和功能。

例：I wrestled with my own resolution：I wanted to be weak that I might avoid the awful passage of further suffering I saw laid out for me.

我和我自己的决心搏斗着：我要成为软弱的人，这样我就可以避免去走那条要我受更多苦难的可怕的路，我看到这条路就摆在面前……例中，译者在翻译时，重复了主体"我"，也明确了客体，使译文豁达流畅。

例：The chess board is the world, the pieces are the phenomena of the universe, the rules of the game are what we call the laws of nature. The player on the other side is hidden from US. We know that his play is always fair, and patient. But We also know, to our cost, that he never over looks a mistake, or makes the smallest allowance for ignorance.

世界是盘棋，万物就是棋子。弈棋规则即所谓的自然规律，我们的对手隐蔽不见。我们知道他下棋总是合理、公正、有耐心。但输了棋后我们才知道，他从不放过任何误棋，也决不原谅任何无知。

这是赫胥黎的一段话。赫胥黎将人生比作一场漫长的弈棋比赛。因此，译者在翻译时对原文中 the game, the player, his play 等词语的处理必须符合这一语义的整体性和连贯性。

语篇中句子的排列如果违反逻辑就会对句与句之间语义的连贯产生影响。有时候，说话的前提以及发话者、受话者之间的共有知识也会影响到语义的连贯。诗篇的连贯性主要取决于读者的联想和想象。

(三) 影响语篇衔接连贯的因素

语篇的含义主要依赖于语境。语境是语言活动在一定的时间和空间里所处的境况。人们在语言交际的过程中要想顺利地交流思想和理解话语发出者的信息，必须运用语言所依赖的各种表现为言辞的上下文或不表现为言辞的主客观环境因素。这里的上下文和主客观环境因素就是语境。语境有广义语境与狭义语境之分。广义的语境是指对语言交际产生制约的社会的、自然的、交际者本身的等各种各样的因素，也称为"情境语境"或"超语言学语境"。

狭义的语境是指交际过程中某一话语结构表达某种特定意义时所依赖的各种表现为言辞的上下文，它既包括书面语中的上下文，也包括口语中的前言后语所限定的环境。此处我们主要讨论书面语中的上下文。篇章和语境之间有联系也有区别。语境用以解决具体词语的词义判断，是为了准确；篇章用以承上启下和前后呼应，为的是使不同段落之间语义连贯，观点清楚，叙述协调。在翻译实践中，要充分注意两者的区别并将其统一在操作过程中。

例：One out of five incoming calls is a complaint. However. most customers don't air their complaints for one of two reasons. （下文：They don't know where or whom to complain to. They don't think it will help to complain.）

误译：打进来的5个电话中就有一个是投诉电话。不过，绝大多数的顾客不会因为一两个原因而宣泄他们的不满。

乍看之下，译文似乎没有什么不妥。但如果将这句话放在原语境中，看到括号中紧跟的下文，就会发现译文的不妥之处。后文说的是"他们不知道该到哪里，向谁投诉。他们认为投诉也无济于事"。所以，原文应该译为"打进来的5个电话中就有一个是投诉电话。不过，绝大多数的顾客会因为以下两个原因之一而未能发泄其不满"。

从语篇的角度来看，英译汉的过程是用汉语重新构建语篇的过程，句子层面之外必须考虑语篇衔接，只是在重构的过程中需要照顾原文的语篇结构，不可超越。原文作者为了一定的修辞目的而采用了一些衔接手段，译者应当体察其意图，在不至于违背其语义信息、修辞特色的前提下，选择符合汉语表达习惯的衔接手段，尽量给汉语读者提供两全其美的译文。

例：A company announced cuts of 8,200 jobs——10% of its workforce. What happened? Customers have been canceling orders like mad.

误译：某公司宣布裁员10%共8200名员工。发生了什么？客户们像疯了一样撤销订单。

此例译文在衔接上不够自然，整句话读起来不够连贯，改成"某公司宣布裁员10%，共8200名员工。这是什么原因呢？这是因为客户纷纷撤销了订单"更好一些。

（四）衔接、连贯的相互关系

在进行英汉段落与篇章翻译时，语篇的"衔接"与"连贯"是必须考虑的两大要素。衔接是一个语义概念，它是存在于语篇中的、并使语篇得以存在的语言成分之间的语义关系。衔接是语言机制的一部分，它的作用在于运用照应、省略、替代、连接（Conjunction）和词汇衔接（Lexical Cohesion）等手段使各个语言成分成为整体。语篇衔接手段主要有语法衔接（Grammatical cohesion）和词汇衔接（Lexical cohesion）。在语篇中，语法手段的使用可以起到连句成篇的作用。语篇衔接手段能使语篇结构紧密，逻辑清晰，更好地实现语义的连贯。

连贯是篇章体现为一个整体而不是一串不相关语句的程度。连贯对于篇章是一个有意义的整体，而非无意义堆砌的一种感觉。衔接是一种篇章特点，连贯是一个读者对于篇章方面的评价。语篇的连贯性应该经受住对语句的语义连接及语用环境的逻辑推理，所以语篇连贯不仅包括语篇内部意义的衔接，还包括语篇与语境的衔接。连贯语篇的基本标准是其意义形成一个整体，并与语境相关联。

衔接是客观的，从理论上讲能够被轻易识别；而连贯是主观的，对篇章中连贯程度的评价将因读者不同而不同。衔接的前提是思维的逻辑性、连贯性，而连贯是交际成功的重要保证。衔接是篇章的外在形式，连贯是篇章的内在逻辑联系。衔接是语篇的有形网络，是语篇表层结构形式之间的语义关系；连贯是语篇的无形网络，是语篇深层的语义或功能连接关系。

第五节 大学英语文体翻译教学模式

近半个世纪以来，随着科学技术的迅速发展，国际交往日益密切，为了满足交际和交流思想的客观需要，应用性文体大大地发展并丰富了文体学的研究，语言教学方面对此也有所反应。直到20世纪80年代，随着系统功能语言学的发展，人们才从语言功能的角度把各种传递信息的语篇划归为实用文体。实用文体包含的语篇类型十分广泛，涉及社会生活、经济活动、科学技术、工农业生产、新闻传媒等方方面面，例如商务文体、法律文件、科技文体、新闻报道等。

一、文体与文体学

英语的"style"一词源于拉丁语的"stilus"，本意原指古人在蜡板上写字用的一种用金属或骨头制作的"笔"。随着时间的推移，"style"一词的词义不断扩大，乃至《牛津英语词典》曾在该词下面列出26个义项，而人们对其中与语言和语言运用相关的诠释也是众说纷纭，理解不一。有人将"style"一词理解为"文体"，而文体又有广义和狭义之分：狭义的文体指文学文体；广义的文体则指包括文学文体在内的各种语言变体。还有人将"style"一词理解为"风格"，既可指一个作家运用语言的特色，亦可指某个时代盛行的文风；既可指某种语篇体裁的语言特征，又可指某篇作品的语言格调和表现风格。

研究style的这门学问被称作文体学（stylistics），人们对其研究对象和研究目的持有不同的看法。常见的看法主要有以下几种。

（一）"外衣说"

"外衣说"即文体是"思想之外衣"。这种看法古已有之，尤其盛行于18世纪的英国。塞缪尔·约翰逊（Samuel Johnson）就说过："语言是思想的外衣"，查斯特菲尔德（Chesterfield）也说过："文体是思想之外衣。"自20世纪初期以来，芬兰文体学家恩克维斯特（Enkvist）也曾把文体归纳为"围绕已存在的思想或感情内核的一种外壳"；法国文体学家查尔斯·巴利（Charles Bally）和米歇尔·里法特尔（Michel Riffaterre）等人也提出过类似的看法，他们认为文体就是富有表达性或情感性的语言成分，这些语言成分常附加在对信息所作出的中性表达之上。

（二）"选择说"

"选择说"认为文体特征体现在对"不同的表达方式的选择"。这是一种非常普遍的看法。有学者认为，在对文体这一概念的各种各样的理解中，有一个基本的要素，那就是"选择"。选择什么样的文体风格是受语境制约的。也有学者认为人们在说话或写作时总是有一种进行选择的意向，从语言能提供的种种结构中进行选择，所谓文体风格，就是这种选择的结果。

（三）"表达方式说"

"表达方式说"认为文体是"语言使用的一种方式，它属于言语，而不属于语言"；文体是"以最有效的方式讲恰当的事情"；文体是"写作的一种方式"。语言学家霍凯特（Hockett）也认为，在同一种语言中，如果两段话语（utterances）表达大体上相同的信息，但其语言结构不同，便可把它们看作是不同的文体。

（四）"偏离说"

"偏离说"认为文体是对常规的某种偏离（deviance/deviation），偏离常规可以产生"前景化"（foregrounding）的效果。可以把整个语言的使用情况作为确定常规的标准；也可以从一个作家在同一作品中的某些段落或篇章中概括出某种相对的常规。作品的其他部分若违背这种常规，同样可被视作一种偏离；还可以从同类作品中确定某种相对的常规，借以比较不同作家的文体风格。明显违背语音、词汇、语法、语义及书写形式等方面的常规，可使语言产生质的偏离（qualitative deviation）；语言的某种成分出现的频率超乎寻常，则会构成量的偏离（quantitative deviation）。"偏离说"在西方文体研究领域颇为盛行。

（五）"社会情境制约说"

语言的使用离不开社会情境。交际方式、交际内容和交际双方的关系对语言的使用和语言成分的选择起着重要的制约作用。这就使得语言在其使用中形成不同的功能变体。文体学的任务之一就是描写和分析语言在社会情境中的各种变体。人们常说的"商务文体""新闻文体""法律文体"以及"科技文体"等概念，都可被看作语言的各种功能变体。每种变体都有其独特的文体特征。

（六）"行为方式说"

"行为方式说"认为文体实际上是一种个人的行为方式。法国文体学家格兰杰

(Granger)认为文体是将"个人"注入其具体劳作中的一种方式。理查德·奥曼（Richard Auman）认为style就是"做某事的一种方式"；就写作而言，文体风格就是写作的一种行为方式。他认为style的概念应该用来指"那些部分是不可变的、部分又是可变的人类行为"，其中，"不可变的行为"指的是按某种规则行事的行为方式；"可变的行为"则指个人可以自由选择的行为方式。

（七）"语言成分排列说"

出生在莫斯科、后来移居美国的著名语言学家雅各布森（Roman Jakobson）在讨论语言的诗学功能时曾提出一个著名的论断："语言的诗学功能将等价原则从选择轴投射到组合轴。"许多文体学家接受了这一观点，重视从语言成分的排列和组合关系角度来描写和分析文学作品（尤其是诗歌）的语言特征。

对什么是文体和文体特征的理解，远不止以上几种。"文体学存在的主要问题就在于style这个词本身。还没有一个关于style的定义被人们广泛接受。关键是人们尚未对现行的种种看法进行认真地分析，进而找出解决办法。其结果是，一个文体学家可能同时对style的含义持两种或多种不同的看法。"导致不同看法的原因是多方面的，学界暂时还难以取得一致的意见。

简而言之，文体学是一门运用现代语言学理论和方法研究文体的学科，如现代语言学理论有不同的流派，兼之不同的人可以出于不同的目的研究文体，有人研究文体是为了探讨语篇的建构模式，有人研究文体是为了更好地揭示语篇所反映的社会观念、意识形态以及人与人之间的"权力关系"（power relation），于是当今西方文体学研究领域出现了"百花齐放"的纷繁局面。有人将文体学分为"普通文体学"（General Stylistics）和"文学文体学"（Literary Stylistics）。前者研究包括文学文体在内的各种文体（含语言变体）；后者研究文学文体。有人从功能主义语言学角度研究文体，于是产生了"功能文体学"（Functional Stylistics）流派；有人运用结构主义语言学理论和方法研究文体，于是出现了"形式文体学"（Formal Stylistics）学说；有人利用话语分析、篇章（语篇）语言学和语用学等领域的研究成果探讨文体问题，导致"话语文体学"（Discourse Stylistics）的问世。

二、文体的功能特征

虽然文体门类繁多，文体的正式程度跨度很大，但它的功能特征主要表现为以下几点。

（一）信息性

实用文体的基本功能是荷载人类社会的各种信息：叙事明理、传旨达意、立法布道。

(二) 匿名性

实用文体的各类语篇如法律文本、告示、广告语、说明书、旅游指南等,是按一定的(约定俗成的)程式行事,缺乏甚至没有作者或译者个性,而且许多语篇不署作者、译者姓名,这就是实用文体的匿名性。尤其是英语科技文摘,几乎没有作者个性。

研究实用翻译,离不开对实用文体的各语域进行的分析,要分析各种语言习惯,以便确定哪些特征经常地或仅仅应用于某些场合;要尽可能地说明为什么某种文体具有这些特征,而不具备另一些特征;要以语言功能为依据,对这些特征进行分类。

(三) 劝导性

实用文体劝导受众去相信什么或不相信什么,劝导人们去认可或否定什么。有时作者力图表述客观,使自己提供的信息可被验证或追本溯源。

三、文体翻译标准

翻译的标准是指导翻译活动的准则和衡量译文质量的尺度。实用文体的翻译主要有以下几个标准。

(一) 正确

实用文体的翻译不论全译、选译还是综述,均以正确传达原意为第一要义,特别是在表达空间、时间、位置、价值等概念时更需精确,切忌主观臆断。为此,在理解原文的前提下,须用反映相关概念的术语或专业(行业)常用语来表达。

例:If you call reduce your price of urea to 1 200 French francs per ton, we may be able to place an order of l50—l80 metric tons.

如贵方能将尿素报价降至每吨1200法郎,我们可定购150至180吨。franc 不仅仅表示法国法郎,瑞士、比利时、卢森堡等均以法郎为单位。所以原文中的 French franc 和 metric ton 应该相应地译为"法国法郎"和"吨"。而且"吨"在不同的度量衡制度中有不同的解释,美制有"长吨""短吨"之分,1长吨=1016公斤,1短吨=907.2千克。我国采用公制,1吨=1000千克。

例:The function of a derrick is to provide the vertical clearance necessary to the raising and lowering of the drill string into arid out of the hole during the drilling operations.

误译:井架的功用是在钻井操作时将钻柱从井内提出和将它放入井内提供必需的垂直间隙。此句中的 clearance 指钻台平面至天车底平面之间的大距离空间,按一般英汉词典译成"间隙"不妥。the raising and lowering of the drill string into and out of the hole 译为"起、下钻作业"更为精确且简洁。因此,此句应该译为"井架的功用是起、下钻作业时为钻柱提供必要的垂直空间"。

实用语篇，无论书信、合同、报告、标书，甚至论文、新闻报道等都有一定的程式（modality）。程式是与已定内容相关的形式。为了表述某一特定的科技内容，可用的形式有表格、报告、论文、文摘、标准、专利说明书（假如这一内容有首创性）、专著等不同形式，或简或繁，或长或短，或深或浅，皆根据不同的需要，选择不同的程式，文字格式也包含在程式内。有些字句的表达已成俗套，译法也大致固定。

例如：

I（We）claim：/Having thus described the invention. we claim：请求权项。

What is claimed is：/The claims defining the invention are as follows. What is claimed is 专利权要求范围。

此外，一些标语的译法也大致固定了。例如：

NO Parking Here：此处禁止停放车辆

Don't Turn Upside Down：请勿倒置

Keep Away Form Food：勿接近食品

（二）通达

通顺达意是翻译的一般标准。为此，翻译时经常要采用引申、增词、减词、调整词序以及一些变通的手法。一味遵循字面意思直译，难免会使译文生涩难辨，不但没有可读性，还会造成理解上的障碍。

例：Then people in Shanghai found great trouble in getting to their destinations on foot or by cal" and it became a top social problem.

当时，上海行路难、乘车难成为突出的社会问题。

例：The magic spades of archaeology have given US the whole lost world of Egypt.

考古学家用神奇的铁铲把整个古埃及都发掘出来了。

（三）适切

根据实用语篇特定的功能和目的，译文需符合译入语国家的政治语境、文化氛围、方针政策和技术规范。为此，译文有时必须加以调整。例如：

伴随着改革开放的脚步，第 21 幼儿园走过了 13 年的发展历程，经过全体职工的努力，他们连续 7 年被评为朝阳区教育工作和全面工作管理优秀单位；1997 年至 1999 年获市卫生先进单位。

The 21st Kindergarten has been a success since it was set up 13 years ago. For 7 consecutive years, it has been given various honorary titles by Chaoyang District. From 1997 to 1999 it was commended by the municipal government for its hygienic conditions.

此句原文套话多,"优秀单位""先进单位"之类很难定义。这类话语国内习以为常,但按照直译,难免臃肿累赘,且容易令英语读者不解。因此译文适当地进行了省译。

此外,由于市场经济的运转速度加快,各行各业都重视时效,时间即金钱已成商场信条。因此,译者要在保证质量的情况下提高翻译速度。没有速度就没有翻译任务,过去所说"慢工出细活"的做法已不可行,现在的要求是既要质量好,又要译得快。

四、科技文体的翻译

科技飞速发展、不断进步,涉及的内容和范围也日益广泛,在科技领域,英语的使用尤其普遍,这就要求译者不仅能顺利地将科技英语翻译成准确、流畅、地道的中文,还要将汉语翻译成等效得体的英文。这种在科技领域为达到交流目的进行的语言转换被称为科技翻译,科技文体是普通英语或汉语在科技语境中的变异,以文字语言为主,数字和图表为辅。

(一)科技文体的特点

科技英语由于其内容、使用范围和语篇功能的特殊性,也由于科技工作者长期以来的语言使用习惯,形成了自身的文体特点,这些特点主要表现在词汇、句法以及篇章结构等语言层面上。

时态变化不明显。汉语里的动词无时态变化,动词所发生的时间往往是通过时间状语表示。科技英语倾向于动词的现在时,尤其多用一般现在时来表述科学定义、定理,方程式、公式的解说,图表的说明以及自然现象、过程、常规等。

在语态方面,汉语中主动语态使用较多,而英语中被动语态使用较多。汉语和英语的科技实用文中,句子结构都较为复杂。由于表述的概念复杂,为使之逻辑严密,结构紧凑,节省篇幅,科技文章中往往出现许多长句。这些句子通常为结构复杂的复合句,有较多的修饰成分、并列成分、各种短语或从句。

在人称的使用上,强调文章内容的客观性。汉语中常使用"笔者""我们""本节",而不是用"我"来充当得出某一结论的主语。英语中则常用"the authors have investizated…""This oaoer illustrates…"等句式。

(二)科技文体的翻译赏析

科技文体的翻译中,要尽量再现以上特点。为了使读者能清楚地了解相关的科技信息,在尽量用词简练明了准确的基础上,句法方面要注重句型扩展、连接手段多样化、多用修饰性的短语,使对客观事物的描述尽可能准确、完整、逻辑严密。

要对科技文体进行确切的翻译,无论是英译汉还是汉译英,首先应理清句子的层次,判明各层意思之间的语法及逻辑关系,再运用各种翻译表达技巧和专业知识,将各层意思准确地译出。

1. 英译汉例析

例:About Electricity

While the exact nature of electricity is unknown, a great deal is known about what it can do. By the mere closing of a switch, buildings are lighted, wheels are turned, ice is made, food is cooked, distant voices are heard, and countless other tasks—ordinary and extraordinary—are performed. Although a great number of uses for electricity have been discovered and applied, the field is by no means exhausted. Electric machines and devices that have been in use for many years are being improved and are now finding wider fields of application. Extensive research is constantly bringing forth and developing new devices. Much is still to be learned about electricity.

Electricity is a convenient form of energy. It is well known that when fuels such as coal, oil, and gas are burned, energy is released. A waterfall, whether it is man made or natural, also possesses energy. Yet, to be of value, this energy must be made available at points where it can be used conveniently. Electricity furnishes the most practicable and convenient means yet devised for doing this. The energy of burning fuel or of falling water is changed to a more convenient form—electricity by electric machines. It is transmitted to distant points over electric circuits. It is controlled by other electric machines. At points where it is to be used, it is convened into useful work by still other electric machines and devices.

Since electricity is a form of energy, the study of electricity is the study of energy, its conversions from one form to another, and its transmission from one point to another. The electric machines are energy transmission devices and electric circuits are energy transmission devices.

Although no one knows precisely what electricity is, it has been possible to develop theories about electricity through experiment and by observation of its behavior. As a result, it is now believed that all matter is essentially electrical in nature.

译文:

关于电

尽管人们对电的确切性质还不清楚,但对电能做些什么已了解得很多了。人们只需合上电闸,房屋便可照亮,轮子便可旋转,冰就可以制出,饭就可以做熟,远处的声音便可听见,还有平常的和不平常的工作都能进行。虽然人们已经发现了电的大量用途并已付诸实践,但这绝不是尽头。已经应用了许多年的电机和设备还在不断改进,开辟更为广阔的应用领域。通过广泛的研究,人们正在不断创造和改进各种新的电器设备。对于电,还有许多问题有待探明。

电是一种方便的能量形式。众所周知,煤、油和天然气之类的燃料在燃烧时,会释放出能量。瀑布，无论是人工的还是天然的，也具有能量。但是，要想使能量有价值，就必须使它在方便使用的地方能被用上。电为此提供了到目前为止所发现的最方便可行的手段。借助于电机，燃料燃烧或水流下落所产生的能量可转换成更为方便的形式——电。电再通过电路传输到远处，它由另外一些电机来控制。在使用场所，还有另外一些电机和设备把电转化成有用的功。

因为电是能量的一种形式，研究电就是研究能量，研究能量从一种形式到另一种形式的转换，从一个地点到另一个地点的传输。电机是能量转化的设备，电路是能量传输的设备。

尽管没有人精确地知道电是什么，但人们却能够通过实验和对电的表现的观察建立起各种理论。结果，人们现在已认识到，一切物质从本质上讲都是带电的。

解析：本节是典型的科技语篇，首要特征是多被动句，根据英国利兹大学约翰·斯沃斯的统计，科技英语中的谓语至少三分之一是被动语态。这是因为科技文章侧重叙事推理，强调客观准确。第一、二人称使用过多，会给人造成主观臆断的印象。因此尽量使用第三人称叙述，采用被动语态，如 "a great deal is known about what it can do, and countless other tasks—ordinary and extraordinary—are performed, energy is released" 等，这是因为英语句子以 "主语+谓语动词" 为形式框架，当主语是受事时一般要将谓语动词变为被动语态，于是就出现了被动句。科技英语用被动句的频率很高。汉语与英语不同，汉语的被动概念常常是语义上的，而不是语法上的。基于英汉在被动概念表达上的差异，英语被动句汉译时常采取下面一些对策：

（1）译为带有"被、受、由、把、予以、遭、挨"等被动意义词语的句子。

（2）原主语不变，在用词和结构上进行某些调整，译文是主动结构形式。如 "and countless other tasks—ordinary and extraordinary—are performed"，译成 "还有无数其他工作——平常的和不平常的——都能进行"。

（3）译文中另立主语，主语来自原句或原句上下文。如 "a great deal is known about what it can do" 译成 "人们……但对电能做些什么却已了解得很多了"。

（4）译成无主句。"Although a great number of uses for electricity have been discovered and applied" 译成 "虽然已经发现了电的大量用途并已付诸实践"。

译文行文流畅达意是对译者的基本要求之一。而要达到这一要求，译文语句间的衔接是关键之一。所谓衔接，即用语法和词汇手段所达到的行文连贯。这里主要谈代词使用对行文连贯的影响。英语中代词使用频率比汉语高，连接词语用得也比汉语多，翻译时应注意英汉的这一区别，顺应汉语的行文习惯。英语使用代词，是一种衔接手段，即用语法和词汇手段所达到的行文连贯。如 "Since electricity is a form of energy, the study of electricity is the study of energy, its conversions from one form to another. and its transmission from one point to another" 中的两个 its。汉语中的指示代词很少，只要上文已有所交代，省去指示代词，不但所指不会混淆，而且会使行文更为流畅。如译文 "因为电是能量的一种形式，研究电就是研究能量，研究能量从一种形式到另一种形式的转换，从一个地点到另一个地点的传输"中省去了"研究能量"。译文行文流畅达意是对译者的基本要求之一，要达到这一要求，正确理解和翻译原文语句间的衔接是关键。

总之，科技文体以客观事物为中心，追求逻辑上的条理清楚和思维上的严谨周密，在翻译时就要注意用词准确，论述逻辑严密，表述客观，行文简洁通畅，忌用修辞手段。只有深入分析、掌握科技英语的文体特征，了解其与普通英语之间的文体差异，才能更好地运用科技英语。

2. 汉译英例析

例：茶

中国人喜欢喝茶，也常常用茶来招待朋友和客人。茶叶是中国人生活中的必需品。茶树原产于中国。中国古人发现茶树后，起初是把茶叶作为药用，后来才当作饮料。早在两千多年前，中国人就有了饮茶的习惯，以后又逐渐学会了培育茶树和制作茶叶的技术。

译文：

Tea

Chinese people like to drink tea, and often entertain friends and guests with it. The tea leaf is necessity in the life of Chinese people. Tea plants originated in China, although the ancient Chinese first used them for medicinal purposes before developing tea as a drink some 2000 years ago. Later, they gradually learnt to grow tea plants and use the leaves to make various types of tea.

解析：这段介绍茶的科技语篇中，出现大量相关术语，如维生素、氨基酸、矿物质、坏血病等，译者除了将其译成相应的英文科技术语外，还采用一般现在时态对茶的功能进行描述，强调了信息的客观性。"The tannin in tea acts on protein and inhibits the growth of colon bacillus, streptococcus and pneumonia bacteria…it therefore has a positive effect on bacillary dysentery and even typhoid fever and cholera. Tea promotes…"

译文文字简练、客观、准确，充分地传达了原文信息。

五、旅游文体的翻译

（一）旅游文本的语篇功能

旅游文本是指以正式或非正式形式出版的旅游手册、旅游指南等书面语篇，主要是对旅游景点、旅游资源、服务设施等情况的介绍。和其他语篇一样，旅游文本类语篇具有多功能性，主要有：

1. 信息功能

信息功能是语篇的基本功能，旅游文本的信息功能主要是为旅游者提供丰富的旅游咨询，其中包括位置、路线、设施、费用等实用信息，以及文化、历史等人文信息。

2. 描写功能

如果一篇旅游介绍文章只是简单地提供景点的位置、乘车路线等信息，是很难勾起读者的参观欲望的。旅游文本的信息功能和描写功能在语篇中表现明显，读者很容易找到其所需的信息，感受到人文和自然之美。

3. 指示功能

旅游文本类语篇的最终目的是通过对旅游景点和景区的细致描写，增强文章的感染力，给读者提供丰富的信息，带来美的享受并使其产生一睹为快的欲望。因此，旅游文本首要的、起主导作用的是指示功能：语篇发出指令或诱导性信息，刺激旅游者的参观欲望，其他功能都服务于此。旅游文本的指示功能贯穿于整个语篇，隐含在语篇之中，是语篇的内在功能。

综上所述，旅游语篇同时具有指示功能、信息功能和描写功能：指示功能为主功能，体现在整个篇章中，其他两种功能为辅助功能，只体现在语篇局部。指示功能属于语篇的内在功能，信息功能和描写功能属于语篇的外在功能。也就是说，内在指示功能是通过外在的信息功能和描写功能来实现的，信息的设置和描写的详略正是为语篇内指示功能服务的。

（二）旅游文本的翻译赏析

在进行旅游资料的翻译时，应充分考虑英汉旅游语篇的上述功能及其不同特点，遵循以下原则：

1. 以译入语读者为中心，实现指示功能的充分"对等"

翻译中应使源语中的指示功能充分表现在译文里，译文的好坏应以是否在译入语读者身上产生同样的效果和反应为准绳。

2. 信息功能转换时应以译入语读者的需要为根本

中国学者杨敏在对大量英汉旅游篇章进行跨文化对比分析后指出："英美旅游篇章重在景点地理环境、服务设施、优势与不足诸方面的纯信息传递，而风光景色的描述性篇幅不多，而我国的旅游语篇往往更加突出旅游资源的社会身份特征，如社会影响、历史沿革、发展业绩，更突出旅游资源的风光景色和人文特色，甚至占用很大篇幅来引用史书和文学作品及诗歌对于景点的颂扬和描述。"在进行旅游资料的翻译时，应灵活处理所涉及的文化信息，进行必要的增删或改译。

3. 采用译入语的描写方式和方法

在描写功能转换中关注译入语读者的审美情趣，采用译入语的描写方式和手法。

例：杭州——"人间天堂"。

意大利著名旅行家马可·波罗曾这样叙述他印象中的杭州："这是世界上最美妙迷人的城市，它使人觉得自己是在天堂。"在中国，也流传着这样的话："上有天堂，下有苏杭。"杭州的名气主要在于风景如画的西湖。西湖一年四季都美不胜收，宋代著名诗人苏东坡用"淡妆浓抹总相宜"的诗句来赞誉西湖。在杭州，您可以饱览西湖的秀色，也不妨漫步街头闹市，品尝一下杭州的名菜名点，还可购上几样名土特产。

苏堤和白堤把西湖一分为二，仿佛两条绿色的缎带，飘逸于碧波之上。湖中心有三个小岛：阮公墩、湖心亭和小瀛洲。湖水泛着涟漪，四周山林茂密，点缀着楼台亭阁，是我国最有名的旅游景点之一。

杭州人观看西湖有个说法："晴湖不如雨湖，雨湖不如夜湖。"您在杭州，一定要去领略一下西湖的风韵，看看此说是否有道理。杭州是中国著名的六大古都之一，已有两千多年的历史。杭州不仅以自然美景闻名于世，还有着传统文化的魅力。不仅有历代文人墨客的题咏，还有美味佳肴和漂亮的工艺品。

一般来说，游览西湖及其周围景点花上两天时间较为合适。到杭州旅游，既令人愉快，又能得到文化享受。

第六章 ESP 理论下大学英语翻译课程教学模式

第一节 ESP 与大学英语翻译教学概述

ESP（English for Special/Specific Purposes）作为当今英语教学最新的发展方向，其先进的教育理念对英语教学的各个方面都产生了深刻的影响，这种影响也包括翻译教学。在当前世界一体化、国际交往空前频繁的环境下，社会对既有专业知识，又懂专业英语的综合型翻译人才的需求量巨大，这就对我国的大学英语翻译教学提出了巨大的挑战。为了迎接这个挑战，国内各高校的英语教育工作者首先必须对大学 ESP 翻译教学的必要性有一个深刻的认识，然后把握好 ESP 理论下的大学英语翻译教学的原则，并分析 ESP 理论对大学英语翻译教学的启示，这样才能保证大学 ESP 翻译教学的效果。

一、大学 ESP 翻译教学的必要性

（一）社会发展的需要

在国际社会趋于一体化的今天，随着国际交流的增加，社会对单一技能型人才的需求逐渐减少，而对综合性英语人才的需求不断增加。这就要求大学英语教学必须重点培养学生的综合素质，让学生在掌握专业知识的同时掌握专业英语技能，以便他们未来的深入学习和职场就业，从而更好地满足社会需求。而 ESP 教学刚好是集专业和英语为一体的新的教学理念，可以满足不同学习者的不同需求，便于其学业和职业的未来发展。具体到 ESP 翻译教学，其实施可以为社会提供更多优质的专业翻译人才，为社会发展、经济繁荣作贡献。

（二）大学教育特点的需要

斯特莱文斯（Strevens）认为，ESP 具有以下几个特点。

1. 课程设置能够满足学习者的需求。
2. 课程内容与特定的学科、职业相关。

3. 教学重点是这些特定学科、职业中经常使用的词句、篇章，能够使学习者掌握该领域中的语言使用。

4. 与通用英语（EGP，English for General Purposes 的缩写）形成鲜明的对照。

通过上述四个特点可以看出，ESP 教学与学习者的需求及其未来将要从事的职业有着密切的关系。这一点正与大学教育为社会培养有用人才的出发点是一致的。

（三）大学英语翻译教学发展的需要

随着时代的发展，大学英语教育中存在的弊端逐渐显露出来，大学英语教学改革的呼声随之而起。经过部分高校和教育工作者的尝试和努力，人们发现了一条新的道路：工作与学习相结合，学校与企业相结合，即学校首先要弄清楚企业需求拥有什么知识、技能的学生，然后据此制订人才培养目标，促进学生未来的就业。

具体到大学英语翻译教学来说，其教学目的在于为不同行业培养合适的翻译人才。例如，如果学生未来希望在外企工作，就应该具备与国际商务有关的知识和翻译能力。由此可见，ESP 翻译教学解决的是某一行业、专业领域内翻译人才的建设培养问题。在实际教学中，教师会在专业知识的传授中融入翻译的技巧教学，以使学生在实践当中掌握这些技巧，使之成为自己的一部分，继而提高自己的专业、职业素养。

（四）学生自身发展的需要

有调查显示，很多大学生毕业以后仅仅靠在校学习的通用英语很难应对工作上遇到的各种问题，面对专业领域内的翻译问题也颇感吃力。因此，很多学生认为课堂所学内容不能满足实际的工作需求，继而对英语翻译课失去兴趣，学习效果自然也不好。不同的是，ESP 翻译教学以学生的学习需求为导向，并将专业知识、翻译技巧融合起来，具有很强的实用性。

二、ESP 理论对大学英语翻译教学的启示

由于 ESP 教学本身是一个先进的教学理念，其发展也越来越迅速。近年来，很多高等院校纷纷开设了商务英语翻译、法律英语翻译、旅游英语翻译、科技英语翻译等课程，以满足以某一领域为目标的学生的需求。

现在越来越多的学生和教师意识到合格与实用型的翻译毕业生是社会所迫切需要的。正如何刚强教授所指出的，由于时代的发展，社会、科技以及精神文明都有了巨大的进步，社会对翻译的要求已远远超出文学翻译的范畴。王京平教授认为，根据我国的实际情况，我们应该对研究生阶段的实用型翻译人才给予更多的关注，以使他们能够符合翻译市场的紧急需求。翻译人才培养的目标是培养译者能够符合较高的要求，并结合翻译训练获取翻译能力和才能。虽然这是针对研究生而言的，但同样也适用于大学阶段的翻译教学。

而何文安教授指出，要使教学和研究从课堂和学习中走出来，就要结合翻译人才训练和社会与经济市场的需求，这也是教学改革的发展趋势，学生应该关注市场的需求，而不能只强调文学翻译。

值得注意的是，诸多学者开始关注实用翻译教学和强调翻译教学应根据市场需求进行调整。因此，也就需要一门实践性理论来指导整个翻译教学。

ESP 本身是一种方法而不是一种结果。它提出了一种新的有效的教学方法，讨论教学过程的有效性。需求分析分析社会和学习者本身的实际需要，对实际应用具有重大价值，它能有效地解决教师的教、学生的学以及社会需求三者之间的矛盾。

此外，以学生为中心的方法既是教学方法又是学习方法，它和需求分析一起指导着整个翻译教学和学习。对需求进行分析，教学目标和教学大纲，甚至课程设置以及教学内容都会变得明确而准确。以学生为中心的方法可以指导教学过程和学习过程，进而整个翻译教学的执行就会愈发系统而有效。

但从另一方面来讲，现在的翻译教学仍然沿用传统的教学方法、课程设置以及教学内容。而这样的教学已经不能训练学生的实际翻译能力，也与现在的社会发展相脱节。社会所需要的翻译人才在大学教学中得不到训练，自然从大学毕业之后的翻译毕业生也不可能符合社会的发展需要。因此，为了改变这种现状，有必要应用 ESP 这一新的教学理论来指导翻译教学。

第二节　ESP 理论下大学英语翻译教学策略

一、突破课程内容

在大学翻译教学中，其课程设置和课程内容中也存在着诸多的问题。在大学英语学习中，很多学生都通过了英语四、六级或者专四、专八，但是他们却不能翻译简单的公司文件，一旦遇到关于对外贸易、政治、经济、军事等翻译时，他们就会变得束手无策，更别说准确翻译了。这些都是由于课程设置的不合理以及课程内容的局限性造成的。所以，在具体的教学中应选用有效的方法来解决这些问题，以保证翻译教学的质量，提高学生的实践翻译能力。

对于课程设置的改革，首先教学时间是影响翻译教学的一个重要的因素。每周有限的翻译教学时间应该根据实际情况有所增加，以保证教学和学习的有效性。课堂教学中的翻译实践不仅仅是用来完成翻译任务的，同时也要保证翻译的数量和质量。正如中国老话说的"皮之不存，毛将焉附？"也就是说，任何事情缺乏基础都将不复存在。所以，在翻译教学中要增加翻译课程的时间，以在充足的时间内培养学生的翻译习惯，确保学生在将来的工作中能够完成翻译任务。

根据市场需求,英语教学中的翻译课程设置应该有所改善。为了培养学生的语言基础和翻译技巧,翻译课程设置应该进行系统的安排。所有的课程应该依据教学大纲和日常的学习规律进行安排,应该包括翻译历史、基本的书面翻译、视译、基本的翻译理论、实用文体翻译等。所有的这些课程并不是为了让学生对翻译有一个基本的了解,而是为学生的未来学习打下坚实的基础。

就课程内容而言,翻译技巧自然是翻译教学的重要内容,如直译、意译、增译、省译等。但学生不应仅掌握一些翻译技巧,还应熟悉一些翻译理论。科学的理论可以指导正确、有效的实践,而实践也可以反过来充实理论。因此,教师和学生都应该重视翻译理论。除翻译理论之外,其他内容也应该有所关注。目前,世界迅速发展,社会对翻译毕业生的需求变得越来越严峻和多元化。所以,为了让大学毕业生掌握必备的翻译能力,在教学内容上就要有所突破。具体来讲可以从以下几个方面努力。

(一) 加强基础语言知识,保证翻译学习的效果

由于学生基础知识薄弱,很多翻译教师都不能正常开展翻译课程。因为学生作业中有太多的语法以及表达错误,所以致使教师将大部分的精力放在了学生作业的批改上,而使得翻译课程成为了语言加强课程。为了改变这种情况,在开展翻译教学之前,学生的语言基础应该有所巩固。有学者指出,在第一到第四个学期,应加大对学生基础语言知识的训练,加强他们的听力、口语、阅读和写作能力。通过基础课程,学生的语言基础会得到加强,同时也会为将来的翻译理解和学习打下基础。

(二) 改善学生的汉语表达能力

学生的汉语能力在翻译和英语学习中也发挥着重要的作用。有学者曾说过,一位英语工作者,其获得的成就取决于他的汉语能力,而非英语能力。现在,很多的大学生都缺乏良好的汉语理解和表达能力。例如,汉语成语"无所适从"(be at loss what to do),很多学生会将其误理解为"无所事事"(be occupied with nothing)。可以看出,对原文理解错误,必然会影响英语译文的表达。

因此,为了解决这一问题,在翻译教学中也应加入汉语能力的训练。具体来讲,教师可以让学生阅读一些与课程相关的汉语书籍,以促使他们汉语能力的提升。同时,教师还可以要求学生在阅读的过程中书写报告,以增强学生的汉语理解和表达能力,为他们的翻译奠定基础。

(三) 基于社会和市场的需求,增添翻译实践内容

随着国际交流的日益频繁,社会对具备较强翻译能力人才的需求越来越紧迫,而这也

给大学毕业生带来了一定的压力。所以，在大学中要努力培养学生的翻译能力，以为社会输出实用型的翻译人才。根据需求分析，社会对翻译人才的需求是多样化的，这也就要求翻译教学内容也呈现多样化。也就是说，在翻译教学中要扩大教学内容的范围，涉及的内容除了文学之外，还要包括政治、经济、科技、教育、军事等各个方面，以扩大学生的视野，培养学生在不同情景中的实际翻译能力，使学生能够适应社会的需求，能够胜任将来的工作。

二、选用恰当的教学方法

要想培养学生的翻译实践能力，就需要教师采用事半功倍的教学方法，在具体的教学过程中训练学生的翻译能力。以下就介绍几种有代表性的翻译教学方法。

（一）任务型教学法

1. 任务的定义

交际教学法是英语教学研究者以及第二语言习得的相关专家提出的一种受到广大教育工作者好评的具有一定影响力的教学理论。任务型教学法出自交际语言学理论。

想要理解任务型教学法就需要首先对"任务"的概念进行分析，通常意义上的"任务"指的是在教学中需要学生完成的具体的与其生活密切相关的活动。纽南（Nunan）给"任务"下的定义是：一项要求学习者用目的语进行理解、处理、生成、互动的课堂作业。在这一过程中，学习者的注意力主要集中在语言的意义上，而非语言形式上。理查兹等人（Richars etal）认为：任务是为达到某种学习目标而设计的活动。学者们对"任务"的定义不尽相同，各有侧重。斯凯恩（Skehan）较为客观且全面地将"任务"进行了论述。具体来说，可分为以下几点。

（1）意义是首要的。
（2）有某个交际问题要解决。
（3）与真实世界中类似的活动有一定关系。
（4）完成任务是首要的考虑。
（5）根据任务的结果评估任务的执行情况。

根据斯凯恩对"任务"的论述可知，重复、模仿等活动不属于任务的范畴。

2. 任务型教学法的本质

（1）任务型教学法的要素。任务型教学法的发展开始于20世纪80年代，在相关内容的研究过程中任务型教学法得到了广泛的认可和接受，其多用于语言教学中。美国教育家杜威（Dewey）的实用主义是任务型教学法的理论基础，该理论主张在教学中应将学生视为主体，而不是教师或者教材，教师应引导学生多参加一些教学活动，通过活动中任务的完成以习得知识。任务型教学法强调在任务的组织与完成中进行教学，学生在完成任务时会使用多种学习方式进行学习，如参与、体验、互动、合作、交流等，这些学习方式充分尊重学生的自主性，使学生发挥自己的主观能动性，在实践中感知、认识、应用目的语。

任务型教学法在实施过程中有六个关键要素，这些要素是任务型教学法的核心。下面就对这些要素进行分析。

（1）目标。目标是任务型教学法的首要因素，只有确定了教学目标才能进一步确定教学内容，以及开展后续的教学活动。教学目标具有一定的指向性，且其指向性为双向的。具体来说，一是任务要达到的预期的教学目的，二是非教学目的。

（2）输入材料。输入材料是任务完成阶段所凭借和依据的辅助材料。输入材料丰富多样，有语言的，如新闻报道、说明书、天气预报等；也有非语言的，如照片、漫画、表格等。这些不同的输入材料能够增强任务的可操作性，使其与教学相结合。

（3）内容。内容是任务的灵魂，任何一个任务只有具备内容才能实施操作。课堂教学中，教师安排何种类型的内容，教师在教学中就需要进行相应的活动。

（4）情景。情景指的是产生和执行任务的环境。任务型教学法中的情景的设计应尽量符合学生的生活实际，以增强学生的语境意识。

（5）程序。这一要素实际上解决的是任务型教学法"怎样做""如何做"的问题。其主要将任务教学中的各个要素进行顺序、时间等的安排和分配。

（6）角色。角色主要指的是教师和学生的角色。在设计任务型教学法时可以对教师和学生的角色进行设计，也可以不予规定，但是无论设计与否，两者的角色都会在任务中有所呈现。任务的要素反映了任务的本质，这几个要素实际上只是一种方法和手段，通过对这些要素的了解和分析，可以促进学生的互动，使学生的学习与交际实践相结合，促使其英语水平的提高。

2. 任务型教学法的程序

任务型教学法的程序可以分为任务前、任务中和任务后三个阶段。下面对各个阶段进行具体的阐述。

（1）任务前阶段——呈现任务。任务前阶段主要是任务的呈现阶段，在开始任务之前，教师首先要将任务呈现给学生。教师在呈现任务时应根据学生的生活和学习经验创设具有一定主题的情境，利用这些情境来激发学生的学习动机和好奇心。在呈现阶段教师的主要任务就是为学生提供与话题有关的情境和思维方向，并在新旧知识之间建立某种联系，激发学生的学习欲望。在这一阶段为了使学生能够比较顺利地完成任务，教师需要首先将学生完成任务所需的相关知识激活，然后再将具体的任务传达给学生，这样可以减少学生完成任务时的焦虑感，同时还可以为下一环节的进行做好准备。

（2）任务中阶段——实施任务。学生在接受完任务之后，需要实施任务，任务的实施首先应该确定任务实施的形式，结对子以及小组的形式都可以，还可以由教师设计一些简单的任务链。为了帮助学生更好地实施任务，教师在任务的实施过程中，不能只做旁观者，其还应该参与到任务的实施过程中，教师的参与一方面可以增进教师与学生之间感情，另一方面还可以对学生实施任务的情况进行监督、指导，教师可以根据学生的完成情况适时地调整教学策略，以保证学生高质量地完成任务。

（3）任务后阶段——汇报任务和评价任务。在完成任务之后，需要对任务进行汇报和评价，汇报的形式可以是组员推选，也可以是教师选定。由组员推选的方式能够增强学生的自信心，而由教师指定的方式则可以激发学生的学习兴趣，促使其更好地汇报。教师可以在学生的汇报过程中对其进行一定的指导和辅助，以使汇报圆满完成。

在各小组汇报完毕之后，教师需要对学生的汇报进行评价，指出各小组的优点和存在的不足，可以给优秀的小组以奖励，使学生品尝到成功的喜悦，进而调动学生的积极性。

3. 任务型教学法的任务设计原则与应用：

（1）任务型教学法的任务设计原则：①学生为中心原则。建构主义认为，学习不仅是知识的习得，更是知识经验建构的过程。新旧知识的相互作用，可以充实并改进新知识。任务型翻译教学以学生为中心，因此教师在设计任务时必须从学生的角度出发，根据学生的实际英语水平创设真实的学习情境，以促使学生进行语言输入与输出，提高翻译能力。学生是课堂活动的主体，教师只是课堂的指导者和辅助者，其作用是帮助学生顺利完成任务，而学生才是控制课堂话题进展以及活动的主要参与者。翻译课教学中学生的主体意识应该包括产生兴趣、接受信息、质疑、自由表达、逻辑思维、比较判断、合作学习、反馈、归纳总结等相关行为。任务型教学法在翻译教学中的实施就是为了更好地促进学生主体地位的形成。②任务主线原则。任务型教学法的一个重要特点就是教学活动在任务的完成中进行，使学生在任务的完成过程中逐渐习得并掌握该语言。就翻译教学而言，不同文化之间的差异比较、各种不同的翻译方法与技巧以及不同体裁的文体的翻译实践经验是其任务的主要内容。教师在组织教学时要以完成任务为主线，设计出一些真实的任务，使学生通过各种方法完成任务，并同时学习与翻译相关的知识与技巧，提高英语翻译能力。任务型教学在翻译教学中的应用使学生首先考虑的是完成教师布置的翻译任务，而不是单纯的掌握某种翻译方法或技巧，这就使得学生在翻译教学中更加注重自身翻译能力的提高。③真实性原则。任务型教学法就是要让学生运用语言完成与现实中类似的交际任务，其将理论与实际相结合，为提高学生的语言运用能力创造不同的任务。翻译知识与翻译技巧的获得也必须要在真实的语言环境中进行，因此在任务型翻译教学中，教师在设计任务时应当以学生的英语综合水平为依据将课堂教学中的翻译练习与当时的社会文化背景相联系，使知识与现实环境相联系。学生在完成任务的过程中认识到翻译与生活之间密切的联系，便会激发其翻译学习的热情与欲望，使其充分发挥主观能动性，提高自身翻译技能。

（2）任务型教学法在翻译教学中的应用：任务型教学法在专门用途英语翻译教学中的应用主要依据的还是任务型教学法的三个基本程序进行。下面就对各个程序进行深入分析。①任务前阶段。教师根据学生的兴趣爱好以及英语综合水平的差异,将全班学生分为 4~5 人的小组,为了达到最好的教学效果,每组的人数不宜超过 6 人,小组人数过多,容易使组内的分工散乱,而人数较少,每个学生的任务量就会增大,学生的负担过大。教师在布置任务时应首先使学生明白任务的性质与目的以及具体的要求,教师还可以辅助学生利用自己身边的资源,如图书馆、网络技术等寻找与自己的任务相关的信息,以保证顺利有效地完成任务。②任务中阶段。该阶段主要包括任务(task)、计划(planning)以及汇报(reporting),学生根据自己小组内容任务情况进行具体分工,并制订完成计划的最优方案。学生在执行翻译任务时,以自主探究的方式为主,教师可对其进行密切的监督,并适时进行指导,以保证小组内任务完成的自主性。初步完成任务后,小组内对任务进行讨论并进一步完善,最终形成翻译定稿,并以书面打印稿的形式向教师和全班同学做汇报。③语言聚焦阶段。所谓的语言聚焦阶段,就是对学生的翻译作品进行评价。教师要对各组成员的翻译作品进行点评,表扬其优点并指出其不足。教师的点评应全面,既要从具体的词汇、句法以及篇章的总体把握上对作品进行评价,又要对学生在翻译方法和翻译技巧的使用上进行点评,促使学生将翻译理论知识与翻译实践相结合。

综上所述,任务型翻译教学模式需要教师以学生的知识水平为出发点设计不同的翻译任务,使学生通过相互间的合作完成翻译任务,将自己已经习得的翻译理论与翻译实践相结合。任务型教学法是一种新型的教学模式,其使教学过程任务化、保证了学生的主体地位,其将成为翻译教学改革的一个新的研究方向。

(二) 文化图式法

1. 文化图式的概念

"文化"一词古已有之。早在两千多年以前,中国就出现了"文化"一词,唐代的孔颖达对"文化"提出了比较有见地的解释。他认为,文化即社会的文化,主要是指文学艺术与风俗礼仪等属于上层建筑的东西。文化的英文为 culture,该词来源于拉丁文 cultura,既有耕种、居住、掘垦、练习、动植物培育等与物质生活相关的含义,又有敬神、注意、留心等与人的精神生活相关的含义。拉丁语中的 cultura 既包括物质文化,也包括精神文化。了解了"文化"的概念,我们还需要对图式的概念进行进一步分析。"图式"由德国心理学家巴雷特提出,其认为图式就是对过去经验的反映和积极组织。该概念在后来被很多语言学家和心理学家研究并进一步丰富,进而形成了图式理论,人脑中关于文化的知识构成便称为"文化图式"。

文化图式的最大特点便是其民族性,随着社会的不断发展,不同民族由于地域等的不同形成了具有各自特色的文化与风俗习惯,人们的价值观等存在较大差异,各具特色,这就是文化图式。文化图式因为人们生活环境的不同而具有不同的特点,且其深深地扎根于人们的思想中。因此,中西方具有不同的文化图式,对于同一事物的联想不同。例如,柳树自古以来就受到我国文人墨客的喜爱，在中国的古诗句中很多诗人使用柳来表达自己的内心情感。柳在我国的文化中表达的是依依惜别的情感，柳（liu）的读音与"留"接近，因此人们常用柳来表示"挽留"的含义。在汉语中，"柳"象征着"留"这就是一个文化图式。英语中willow（柳）与汉语不同，常用于表示死亡或失恋等。不同的文化图式容易造成交际中理解的障碍，因此在文化交际中应尽量在两种不同的文化图式中建立一种新的内容图式，减少交际中的不便。

2. 文化图式在翻译教学中的体现

翻译是两种不同语言之间的转换活动，而语言深受文化的影响，得体的翻译也是文化之间的一种转换。因此，翻译不仅仅是语言的翻译，更是文化的翻译。翻译者是特殊的读者，其不仅要对译入语文化有较深刻的理解，对源语的语言文化也应该有较为深刻的理解。

在翻译中，不同文化背景下的语言具有不同的文化图式，而这些不同的文化图式有时会存在不同程度的对应性或冲突性。具体来讲，不同文化图式之间的关系有三种，一种是文化图式的对应，一种是文化图式的缺省，还有一种就是文化图式的冲突。文化图式对等指的是源语的文化图式与译入语的文化图式对等。文化缺省则是指源语文化图式与译入语文化图式之间具有一定的不对应性，不过译者可以根据源语对该内容的解释激活自己的相关知识来对其进行解释和翻译的目的。当两种文化图式之间存在冲突时，译者需要对相关的民族文化背景进行分析，进而达到准确翻译。例如，西风在中西文化中具有截然不同的内涵，在西方是温暖的，而在中国，西风则象征着寒冷和严冬。这种巨大的差异主要是地理位置的文化图式差异所致。

不同的学生具有不同的文化图式，因此在翻译教学中，教师应该首先了解学生的原有文化知识背景，并帮助学生激活其文化图式，进而准确翻译文章。文化图式的包容性的特点也降低了翻译的难度。例如，众所周知，玫瑰花象征爱情，但是在我国的古代，玫瑰花与爱情没有任何关系，这种象征意义来源于西方文学作品，是一种西方的文化图式。由此可见，文化图式之间并不仅仅具有差异性，在某种条件下，其还可以移植。在文化图式移植成功后，教师在教学中应多创造机会来激活学生的文化图式。

3. 文化图式在翻译教学中的应用

（1）构建双语文化图式。翻译虽然是两种语言间的交流，但是对于成功的翻译而言，掌握文化远比语言更加重要。相同的词语在不同的文化背景中具有不同的含义，只了解其单一的含义内容无法在翻译中做到准确得体。因此，教师在翻译教学中应帮助学生建立双语文化图式，以便于学生了解译入语与源语文化。例如：

John can be relied on. He eats no fish and plays the game.

约翰是可靠的，他既忠诚又守规矩。

该例句对于那些不具有相关文化图式的学生而言无法理解,原句的字面意思为:约翰是可靠的,他不吃鱼,还玩游戏。这样的句子存在严重的逻辑问题。想要翻译好该译文需要对英国的历史具有一定的了解。

由此可见,教师在翻译教学中为学生建立相关的文化图式,就可以帮助学习理解不同文化下的图式内涵。教师在翻译教学中应注重为学生导入一些文化背景知识,并为学生推荐一些有关于西方文化的书籍资料等,使学生利用课余时间学习西方文化,自主建构相关文化图式。

(2) 对比文化图式冲突。历史背景、风俗习惯以及社会制度等方面的不同使得中西方的语言以及思维方式等都存在较大差异。这些差异也导致了中西文化中对于同一种事物具有截然不同的联想,这就必然导致文化图式冲突。文化图式冲突是翻译中的一个难点,其会为翻译活动的开展带来阻力。因此,在翻译教学中,教师应该教会学生将不同的文化图式进行对比,尽量减少其对翻译活动的负面影响。

例如,在翻译"红茶"时学生一般会根据茶的字面意思将其直译为 red tea,但是这种翻译是不符合英语的表达习惯的,在英语中,茶的命名是以其原料为依据的,红茶的茶叶颜色较为浓重,因此在英语中称"红茶"为 black tea。

在翻译教学中对比相冲突的文化图式时,教师应首先告诫学生,文化没有优劣之分,没有哪一种文化是优于另一种文化的,不同民族的文化都具有其独特性。学生应该尊重不同文化,接受差异性文化,增强跨文化意识。

(三) 网络教学法

1. 网络翻译教学现状

(1) 缺乏系统理论的指导。网络英语翻译教学法不同于传统的英语课堂教学,其是一种多向的、开放的、平等的新型教学模式,网络教学法主要关注的是学习环境的营造以及意义的建构,且网络教学以学生为中心,注重分析学生之间的差异性。网络教学法不仅需要教师具有丰富的英语知识,其还必须具备比较丰富的计算机网络操作实践经验,然而现阶段,我国从事大学英语网络翻译教学的教师大多没有接受过专业的训练,计算机操作不熟练,且不了解网络英语教学的特点,在教学中无法正确使用网络技术,教师无法熟练地使用计算机网络技术进行合理科学的教学设计。网络在教学中的应用还需要相关人员进行研究使其形成一套完整的理论体系,只有这样教师才有可能有效地指导教师和学生利用网络进行英语学习。

(2) 功利主义思想严重。现在很多学校为了显示自己在网络方面的优势性,投入大量的资金到校园网络建设中,盲目地开发网络课程与课件。很多学校建立校园网站的最终目的并不是为了提高教师的教学效果,而是追求高点击率,这些现象都在很大程度上浪费了大量的教师和网络资源。教学工作者应首先认识到,网络教学首先是一种教学活动,其与传统教学活动相同，目的是使学生习得知识和掌握某种技能。网络教学不仅仅是一种技术的应用。

（3）不符合英语学习的需要。网络教学中缺乏真正的具有实用价值的英语教学软件和资源。网络教学中很多教学设计不符合英语学习的需要。网络教学中主要以教学软件、课件、试题库以及素材库等课程资料的呈现和组织材料为主。由此可见，网络教学作为一项新的教学系统工程，在应用前必须要进行课程设计。与西方国家相比，我国的网络教学技术起步较晚，在教学软件的开发以及教学设计方面缺少相关的技术人员。想要改变我国现阶段网络教学的现状就必须对网络英语教学进行深入、全面且系统的研究。随着计算机网络和多媒体技术的不断发展，网络英语教学在英语教学中的使用将越来越广泛，其必将成为一种与传统教学法并行的全新的教学模式。

2. 网络翻译教学法的优点与实施步骤

现代网络与多媒体技术的发展为翻译教学的改革提供了可能，用网络教学法进行翻译教学克服了传统翻译教学法中教师与学生之间互动性不足以及教学效率低下等问题。

网络教学法要研究的是教师应具备的教育基本技能以及网络翻译教学中的主要内容。网络环境下的翻译教学使学生具有充分的自主性，同时教师在教学中的地位也发生了变化。教师在教学前必须充分了解信息，掌握充足的教学资源。在课堂上指导学生的自主学习，促使学生利用正确的学习方法进行正确的学习。网络环境下的翻译教学更加强调的是学习的过程，在学习的各个阶段来锻炼学生获取信息的能力。

多媒体网络技术可以储存大量的信息，其可以将信息按照一定的类别进行分类，教师可以快捷地检索到自己需要的相关信息。网络技术在翻译教学中的应用具有高效性，节省教师的时间，而且将翻译教学与社会有机地联系了起来。教师在教学中还可以根据学生的兴趣将多媒体资料呈现在学生的电脑上，这样不同的学生可以看到不同的材料，有利于实现因材施教。除此之外，计算机还可以为学生建立一种比较接近于现实的语言环境，学生利用计算机网络技术可以有效地进行翻译练习。每个学生翻译的文章都可以在网络上发布，这就促使学生在翻译时不得不考虑到其他学生——读者的存在，这样有利于学生在翻译过程中从读者的角度出发进行翻译。

（四）技巧法

1. 流程图法

流程图法是在翻译教学中利用流程图进行教学。功能翻译理论学派强调对翻译教学的分析研究应从全局到局部，教师应指导学生在翻译实践中将宏观方面的翻译目的与文本中的词、句以及语篇相结合，这种教学方法可以使学生在短时间内迅速了解专门用途英语文本的重点。

流程图翻译教学方法主要分为以下几个步骤：（1）目的分析。在准备阶段，学生需要对源语文本进行三个方面的处理。这三个过程中，目的分析居于首位。以弗米尔（Hans J·Vermeer）的目的论（Skopos Theory）为依据，无论是哪种翻译，其都应该首先遵守"目的准则"，也就是翻译行为受其翻译目的的影响，目的决定翻译手段。在翻译时译者应尽量使原文符合目的语文化的背景及语言表达习惯。（2）功能分析。纽马克（Newmark）将语言的功能分为六种：表情功能（expressive function）、信息功能（informative function）、感染功能（vocative function）、美学功能（aesthetic function）、寒暄功能（phatic function）和元语言功能（metalingual function）。在翻译教学中，教师应该训练学生分析文本的多重功能并从中判断出哪种功能是其主要功能，这样才能使文章在翻译过程中做到译文与原文之间的功能对等。（3）语域分析。语域指的是语篇针对特定的交际场合，为达到某种交际目的而产生的一种功能变体。语域受到话语范围（field of discourse）、话语意旨（tenor of discourse）和话语模式（mode of discourse）的综合影响，而这三个因素对于翻译具有重要影响，因此在翻译教学中应强调语域分析的重要性。（4）文化分析。翻译不仅仅是语言之间的转换，其还是文化之间的移植。随着现阶段各国之间联系的不断加深，不同文化间的交流与融合趋势越来越明显。因此，在大学英语翻译教学中教师应注重培养学生的跨文化交际意识，丰富学生的跨文化知识。学生具有较强的跨文化意识才能在翻译中进行合理的文化转换。（5）策略选择。策略选择是翻译工作正式开展的标志，根据语篇目的、文本功能等的不同，学生需要选择不同的翻译方法，如直译、增译、减译、音译等。（6）语言分析。语言分析主要指学生在教师的指导下，对原文的语义、句法、符号以及语用四个方面进行分析，深刻了解原文的内涵，使译文在最大程度上反映原文的文化内容。（7）初译—修改—润色—提交终稿。经过了上面的分析过程，教师通常让学生进行小组内合作进行翻译练习，这样不仅有利于降低学生的焦虑感，还能将学生们的不同建议进行组合，以期达到最好的翻译效果。在小组翻译活动中，小组内对初稿进行反复的检查与润色、完善，形成终稿。

在翻译教学的初级阶段，教师必须严格要求学生，促使学生在翻译前画下翻译流程图，并按照其中的步骤进行。但是，当学生对翻译教学的流程图已经了然于心，且具备熟练翻译的能力时，该步骤可以省略，只要学生在翻译活动中按照该方法进行即可。

2. 异化与归化法

德国翻译理论家施莱尔马赫（Schleiermacher）在其著作《论翻译的方法》中指出了翻译的途径："一种是尽可能让作者安居不动，而引导读者去接近作者；另一种是尽可能让读者安居不动，而引导作者去接近读者。"其中的第一种方法指的就是异化，第二种方法则是归化。

异化主要以源语为标准，要求译者在翻译时尽量使译文与源语的文化与内涵一致。而归化则是指在翻译时译者按照目的语的表达习惯来翻译源语，使译文尽量符合目的语的文化表达习惯。归化翻译法有利于使译文流畅通顺。异化翻译法有利于保持原文的特色，传达原文的内容。在大学英语翻译教学中，学生对归化与异化翻译的概念并没有明确清晰的认识，由于受到母语文化的影响，很多学生在翻译文章时总是首先将译文转换成汉语，普遍使用类似于归化的翻译方法。母语对翻译的影响具有两面性，在翻译中过分依赖母语的影响，有可能导致归化过度，使译文失去原文的风格，影响其表达效果。同样，学生在翻译时也不能完全采取异化的翻译方法，以免破坏了译文的可读性，使其在交际中无法被理解。

归化和异化是对立统一的，相辅相成。两者之间存在着密切的联系，所谓的归化翻译与异化翻译指的是在翻译中译者以哪种翻译方法为主。在实际的翻译中，往往是归化与异化相结合的过程。因此，在大学英语翻译教学中，教师应该教会学生合理选择翻译方法与策略。以目前大学英语翻译材料的特点来看，学生在英译汉时应尽量多采用异化翻译法，异化法可以保留原文的语言特色，在汉译英时则应多使用归化法进行翻译，这样可以使译文更加符合英语的表达习惯。

三、加强教师队伍建设

刘宓庆先生曾经指出，翻译教师应积极进行自我提升，努力提高道德修养、学术水平以及职业成就。此外，尽管翻译教学尚未受到应有的重视，翻译教师的职业所带来的报酬也不够丰厚，翻译教师应看到翻译教学工作的重要意义，并全身心地投入到这份事业当中去。翻译教师应当树立信心，无怨无悔地献身于翻译人才的培养。

曾有这样的说法：好翻译不是在课堂中培养出来的，而是在实践中锻炼出来的。但是，中国有这样一句谚语，"师傅领进门，修行在个人。"尽管翻译实践对翻译人才的成长非常重要，教师的作用也是不容忽视的。教师的有效引导可以使学生少走弯路，提高学生的学习的效率与效果，并切实提升其翻译技能。

奈达在《语言与文化：翻译中的语境》一书中对翻译教师的职责进行了概括。

1. 翻译教师应具有丰富的翻译实践经验，只有这样才能对学生进行正确的、有成效的指导与帮助。不要向学生传授自己没有熟练掌握的翻译技巧。

2. 翻译教师应与学生一起检查作业，带领学生发现问题并提出解决方案。这可以使学生从心理上感受到教师并不只是对他们的作业进行评判，而是可以帮助他们提升自己的能力。

3. 翻译教师给学生安排的翻译作业在内容上应避免老旧过时，应选取一些与时事相关的内容。同时，翻译作业的篇幅也不能过短，应保证学生可从上下文中得到足够的提示或答案。

4. 翻译教师应指导学生纠正文本中的错误。由于专业的翻译人员在工作实践中经常需要处理表达不够规范或不够清晰的文本，学生在学习阶段就应学会处理以后在工作中会经常遇到的问题。

5. 很多教师常常花费整堂课的时间来指出学生所犯的错误，这种方法很容易打击学生的积极性与信心，因为人们通常不愿意记忆自己的错误而是会很轻松地记住自己成功完成的事情。因此，教师应在每个翻译环节拿出一半的时间来对学生的闪光点进行点评与总结。

6. 在条件允许的情况下，教师应将学生分为三人小组或四人小组来进行小组翻译活动。对文本进行讨论可以集思广益，提高学生对文本理解的深度。

7. 翻译教师应引导学生正确认识传统的翻译原则与具体的翻译实践之间的区别。一个有效的方法是学习专业翻译人员的译稿，并注意以下三个方面：①形式与内容的区别；②这种区别的具体原因；③这种区别对有效沟通的作用。

8. 翻译教师应引导学生互相分析与评价彼此的译稿。对学生来说，他们通常更加看重同伴的评价。

9. 尽可能多地从事商业翻译。人们从实践中所得到的往往比从书本中得到的要多。报酬是对译稿更加有说服力的评价。显然，教师在翻译教学过程中发挥着举足轻重的作用，具体表现在以下几个方面：

（1）教师向学生展示翻译技能。

（2）教师向学生传授翻译理论与原则，从宏观上对学生进行指导。

（3）在翻译实践中，教师对学生进行启发，并给予有建设性的建议。

（4）教师通过对学生的译稿进行评价来帮助学生吸取教训，提升能力。

穆雷教授曾指出，一方面，翻译教师应不断加强理论研究，并注意实践经验的积累；另一方面，翻译教师应充分利用现代多媒体与网络技术来及时更新知识与信息。换句话说，翻译教师应及时掌握翻译的研究动态以及社会的最新需求。

因此，针对目前存在的问题，加强翻译教师队伍建设可以采取以下几个方面的措施：

（1）将翻译专业的毕业生培养成翻译教师。如前所述，老年教师和即将退休的教师所占比重过大，翻译教师数量不足的问题较为严重。因此，当务之急是选取一定数量的翻译专业的优秀毕业生，并将他们培养成翻译教师。这样，当老年教师退休时，新的教师可以成为翻译教师队伍的中坚力量。

（2）年轻教师应以开阔的眼界和虚心的态度向老教师学习，不断提升教学水平与翻译能力。年轻教师普遍学历较高，大多拥有硕士学位，有的甚至拥有博士学位。从整体上来说，他们的翻译理论较为扎实，但同老教师相比，他们的翻译经验却非常欠缺。因此，年轻教师多向老教师学习就显得非常必要。通过学习，他们不仅可以获得丰富的教学与翻译经验，还可以听取老教师对他们的点评与分析，促进自身的成长。只有这样，年轻教师才能逐渐成长为经验丰富、业务精、能力强的教师，从而壮大翻译教师的队伍。

（3）翻译教师应随时关注社会发展动态，并根据社会与学生的需求，及时更新、补充新的翻译知识与方法。翻译教师既是目的语与学生之间的桥梁,又是社会与学生之间的纽带。因此,教师应及时了解社会发展趋势,这样,教师在教学过程中可以添加相关教学内容,帮助学生提升能力,使学生尽早适应社会的要求。同时,由于所学知识能够学以致用,学生的积极性可以被充分调动起来,从而提高教学效果。

第三节　ESP理论下的大学英语翻译教材建设

教材建设始终是大学英语教学的一个重要内容,也是培养新世纪英语人才的必要前提。撰写好大学英语翻译教材,首先必须认识到我国目前所使用的翻译教材中存在的问题和不足,对大学英语翻译教材的建设进行新的思考,并根据教材编写所依据的理论和思想,对未来大学英语教材的编写提出一些新的建议和指导。

一、大学英语翻译教材的现状

大学英语教学的目的是培养具有较强适应性和创新精神的应用型人才。英语翻译作为大学英语课程中的重要课程,必须服务于大学英语教学的目标和社会对大学毕业生的基本要求。翻译教材应该以实用为主,以应用为目的。但是,如今的大学还没能找到真正属于自己的翻译教材。已经出版和使用的翻译教材多种多样,有训练学生语言能力和翻译基本功的综合型教材;有关于不同题材的,如科技、商贸、法律、旅游的翻译教材。但是,这些教材并不实用,存在许多硬性问题,如编排上的问题、理论与实践脱节的问题、译例选编的问题和翻译练习设计上的问题等。这里就来详细分析这些问题,以便设计出更加科学、完善的翻译教材。

(一) 教材编排上的问题

如今的大学英语翻译教材多以词法和句法流派为主。我国学者张美芳指出,多数英语翻译教材的编排都侧重于语言的基本结构或语言的转换上。之所以会出现这种状况,是因为:第一,教材编写者心中的读者对象是英语学生,教材的任务与目标是加深学生对语言的认识或提高英语水平;第二,教材编写者本人是语言教学专家而不是翻译专家,尽管他们可能做过一些翻译工作,但对于现实生活中的实际翻译操作的了解并不透彻;第三,在翻译教材编写者心中,语言能力与翻译能力、语言教学与翻译教学是同等重要的,或者是大致相同的。甚至有很多教材在开篇就讲词、短语、句子等翻译,几乎不涉及理论方面的介绍。好一点的教材虽然在前几章会介绍一些理论背景、翻译原则、方法和过程等,一旦落实到具体的译例分析,还会回到语言教学的层面上,根本没有突出理论对实践的指导意义。另外,即使一些教材中介绍了一些翻译理论,但其缺乏一定的典型性和前沿性,理论也比较陈旧，概括不全面，与本学科领域新近的发展动态不相符，使学生无法从多个视角、多个维度审视翻译，仅能听取一家之言，制约了翻译能力的形成。

（二）理论与实践脱节的问题

理论与实践相脱节也是大学英语教材存在的一大问题。其主要体现在，在对实践进行分析时，仅就事论事，基本没有必要的理论支撑。一些教材对理论根本就是避而不谈，直接堆砌各种例子，做简单的技巧分析。许多教材虽然在开篇部分介绍些许中外翻译理论，但也都是轻描淡写，基本上成了一种摆设，因为理论与例句毫无联系，各行其道。可见，翻译理论几乎没能发挥其作用，更没有与实践相结合。有些教材中的翻译理论甚至与其提供的翻译方法或技巧不相符，造成学生产生较大的困惑与误解。实际上，翻译方法与技巧是理论结合实践的桥梁，各种策略应该是在相应的理论指导下产生的。忽略了理论，各种策略与技巧就成了无源之水，无本之木，学生便无法独立解决练习或实践中的问题。另外，教材对翻译过程的描写也很少，其通常将翻译当作一种成品，学生得到的只是完整的译文，而很少有亲身实践的机会，所以他们对名家的佳作只能"望译兴叹"，根本无法真正体会实践的快乐，更无法提升自己的翻译能力。

（三）译例选编上的问题

翻译教材中的译例也存在各种问题，主要表现在如下几个方面。

1. 翻译译文欠妥，不够规范。例如，对于词语的处理，多是逐词硬译，缺乏美感；翻译中的增减不当，常出现漏译或多译的现象；译文不符合原文的风格等。

2. 翻译技巧与表达问题。翻译教材中虽然提高了翻译技巧的运用，但却没有在译文中体现出来。

3. 译例缺乏典型性与权威性。

4. 多数翻译教材中的译例都是孤立的，语篇译例的选取也很少。还有很多译例没有出处，使教师无法为学生提供一定的背景知识。

5. 教材的译例多集中在某一领域中，其覆盖范围和广度都不够，不利于学生在今后的工作中应对各种情况。

6. 所选译例与学生现实水平不符。

（四）翻译练习设计上的问题

很多翻译教程中的练习设计上存在一些问题，缺乏科学性。我国学者张美芳经调查得出，"教材练习形式单一；练习缺乏合理搭配；练习不够；译例和练习取材不广等。"陶友兰等人则发现，目前，许多翻译材料的随意性都较大。凡是练习，凡是有英汉对照，就会搬到书上，很多练习都没有出处，参考译文的权威性和科学性都无法保证；教材的形式非常单调，更缺少趣味性。多数练习都是字、词、句或语篇的英汉互译，侧重的是语言的对比，很难激起学生进行思考的兴趣；练习的内容很杂乱，难易程度也是毫无界限，一些句子缺乏上下文，给学生的译文带来了理解上的困难；练习使用的语言很平淡，没有足够的审美价值，经不住推敲；参考译文没有对应的评析，读者只能知其然，而不知其所以然；多数练习都集中在语言的转换和文化间的差异上，几乎不涉及翻译的外界因素，根本没有将翻译置于社会大环境或考查翻译与其他学科的关系。另外，一些翻译练习之后紧跟参考译文，阻碍了学生积极思考。

二、大学英语翻译教材的建设

教材是教学之本，知识之源。它肩负着传递课程理念、表达课程内容的重要使命。英语翻译教材的编写也应转变传统的思想和观念，体现新时期的发展观和教学特色。同时还应遵循一定的原则。本节就重点对大学英语翻译教材的建设问题进行论述。

（一）处理好翻译理论与实践的关系

掌握必要的翻译理论可以使学生对所翻译的内容做到"不仅知其所然，而且知其所以然"。英国著名翻译家贝克（Baker）提出，"翻译界的一些人认为，'理论'几乎是一个肮脏的词，理论与翻译工作没有关系。"我国学者刘季春也认为，"在我国翻译界，'理论'一词曾是个令人忌讳的字眼，一提到'理论'就暗示了对'实践'的否定。"可见，对于翻译教材要以理论为主还是以实践为主始终是一个令人们困惑的问题。刘靖之提出，"学好翻译需不需要先懂一些翻译理论？"张美芳非常肯定地说，"要达到一定的翻译水平，不需要高深的理论，但要做得好，理论是不可缺少的。"

林克难提出，翻译技巧的教学绝对不是翻译教学的全部或唯一，翻译课堂教学应将至少百分之五十的时间用在讲解理论上，因为要想揭示翻译最本质的东西，从而进行有效的实践，就离不开科学的理论指导。

雷大有进一步总结出，翻译是一门实践性很强的学科，翻译教材应当重点突出翻译的实践性，还不能忽视教材的理论。作为翻译教材，理应要对翻译的艺术性与科学性有所描述，以使学生从科学的高度认识翻译，进而指导他们进行有效的实践。

总之，翻译教材的编写应该是理论与实践有机融合，彰显史、论、实践三位一体的编写体系。

如何才能将翻译教材中的理论与实践有机地结合起来呢？这里有学者提出了两种方法。首先，在单独介绍某一翻译理论时，应附加一两个实例加以说明。其次，在各章节开篇部分提供一个关于翻译理论的译例，以便引出本课的翻译理论，再引入一些其他同类译例。基于此，陶友兰提出了一些更加具体的方法。

1. 为学生呈现一些能够体现某一翻译理论的语篇。

2. 要求学生对该语篇进行翻译并做科学的评析。
3. 向学生介绍与该语篇相关的翻译理论。
4. 详细介绍该理论的历史、代表人物及其倡导的翻译原则。
5. 对该理论进行科学的评论。
6. 介绍该理论应用的范围。
7. 如果可能,应为学生提供更多的译例作为支撑。

需要指出的是,好的译例应该是可以将某些理论巧妙地融入教学内容之中,使学生在不知不觉中学习理论。在对翻译教材中的译例的技巧进行讲解时,教师可以不时地渗透相关的翻译理论背景,描述翻译过程中涉及的各个方面,使学生更好地理解并记忆抽象的理论知识,以便在之后的翻译实践中做到举一反三。

(二) 注重英汉语言和文化对比

我国学者陈燕南指出,翻译教材中的理论建构应是建立在英汉对比基础上的,包括思维、语言、认知和文化等方面,这样才能使学生了解英汉语言的思维差异,从而提高学生的翻译能力。陶友兰进一步提出,既然翻译是两种语言与文化的对比转换,那么通过对比就可以更加明显、准确地发现两者的异同,引导学生独自判断、变通,从而实现成功的交际。

对于非英语专业的本科生来说,他们的英语基本功相对较差,所以翻译教材应突出英汉语言结构对比。

语言是文化的载体,语言又体现着某些文化。翻译在将一种语言转换为另一种语言的过程中,不可避免地涉及两种语言所处的文化。尤金·奈达(Eugene A·Nida)提出,翻译是两种不同文化之间的交流。对于成功的译者来说,熟悉两种文化要比掌握两种语言还重要。因为词语只有在其文化背景中才有意义。巴斯纳特(Bassnett)曾经对做过一个形象的比喻,将文化比喻成肌体,将语言比喻成心脏,将译者处理文本比喻成外科医生做心脏手术,所以不能忽视周围的"肌体"。翻译教材,既要呈现两种语言在词汇、句法结构等方面的差异,又要提供两种文化的异同,使学生的译文更好地适用于目的语。

(三) 英译汉与汉译英相结合

许多翻译教材,包括英译汉、汉译英都只是从一个维度介绍翻译方法和技巧。基于此,穆雷提出,应该将英汉和汉英翻译融合在一起进行处理,这样不仅有利于知识的整合,还能揭示语际转换之间的规律,使学生了解英汉语言对比的规律。刘川指出,英汉语的结合很符合思维相关性的理念,该理念的理论基础是心理学的思维,即创造性思维活动,既要分散思维,又要集中思维,但多表现在分散上。知识的迁移活动可以影响思维,正迁移活动会促进思维,而负迁移活动则会阻碍思维活动。可以说,翻译是一种创造性的思维活动,在进行英译汉时,头脑中会伴随着汉译英;而进行汉译英时,头脑中又会伴随着英译汉。另外,在一些翻译实践中,英译汉和汉译英也会交替进行。因此,将二者结合可以使学生同时掌握两种翻译。

(四) 适当提供多个译文

翻译教材中的典型例句与重要例句可以一个例子有多个译文,有代表性的译文可以兼收并蓄,必要时还可以将错误的或不适切的译文也一并列举,并为读者进行评析。对于好的、不好的译文进行适当介绍和评论可以加深学生对翻译理论与技巧的印象,并能更好地理解。

(五) 译例要有真实性和时代性

译例还要有真实性和时代性。译例选编时应尽可能利用最新的报纸、杂志、演讲以及网络资源,收集到合适的译例。许卉艳认为,译例的选取应该从传统的文学作品素材扩展到政治、经济、外交、科技、法律、旅游等各个领域。译例的体裁也应该有多样性,材料应该新颖、生动、实用,紧跟时代的脚步。具体来

说,翻译教材应该与我国的社会发展需要和经济状况相适应,要以培养学生语言素养,提高其适应能力,可以有效从事相关工作为目的。需要指出的是,教材中的主要译例应该相对稳定,但也要适当增添一些新的内容。另外,翻译教材中不同文体的比例也要合理,如经济语篇翻译、科技语篇翻译、政治语篇翻译、文学语篇分析等不同类型的翻译。

(六) 译例难度适当

翻译教材中译例难度也要有所规定。多数人都认为,译例宁易不难,因为设计翻译教材的目的就是培训学生掌握翻译技能。另外,译文必须准确无误。

三、恰当设计练习

陶友兰主张,翻译教材中练习的设计是以认知图式理论为基础的。她强调,翻译教材中练习的设计既要符合交际规律,又要符合认知规律。从交际规律上看,首先,练习的内容应该具有实用性和针对性,因为练习的目的是让学生通过练习可以用翻译技巧完成各种翻译任务。其次,练习的语言文字应该具有典型性和时代性。具体来讲,汉译英中的汉语句子应完整且清晰,易于学生理解和接受。英译汉中应选择有代表性的句型和用词恰当的语篇,可以来自当代英美报刊、杂志,使学生接触到有时代感的材料。最后,练习的题材应具有多样性和恰当性。翻译教材的练习设计需要考虑很多因素,如教师、学生、学习环境等,还要有一定的语境,以便更好地发挥教师的主导作用和学生语言输出的积极性。

练习中的参考译文也是需要注意的方面。练习应该对有文化关联和语言知识的答案进

行注释和解析，必要时可以提供多个译文，供学生自行比较和赏析，发现他人的长处和自己的短处。翻译教材中练习的形式也要有多样性，除了英汉互译，还应有思考、分析、比较、修改纠错、综合评价、欣赏译例、评析译文、评述观点、判断正误、选择、填空和问答等，以便学生更全面地了解各种翻译规律和技巧。当然，练习还可以采取小组活动的形式，增强翻译课堂上师生、生生的互动性。

  翻译教材中练习的难易程度必须与学生的双语水平相适应。因为学生既是教材的使用者又是教材的受益者，所以必须根据学生群体和个体的需要以及社会需求进行科学、合理的设计。对于非英语专业的学生来说，选择与其水平和今后发展相符的教材也是必要的。

参 考 文 献

[1] 刘晓民,刘金龙. 大学英语翻译教学:问题与对策[J]. 山东英语教学,2013,34(05):69-73.

[2] 肖丽. 母语负迁移在英语翻译教育实践中存在的现象及解决策略[J]. 内蒙古师范大学学报(教育科学版),2016,29(9):130-132.

[3] 肖乐. 试论旅游英语翻译中的创造性[J]. 外国语文(四川英语学院学报),2011,27(4):93-97.

[4] 高梅. 项目课程模式下商务英语翻译教学改革[J]. 价值工程,2016,35(31):144-146.

[5] 周妮. 中国茶文化对外传播中英语翻译策略探析[J]. 福建茶叶,2017,39(05):295-296.

[6] 陶冉冉. 大学英语翻译教学存在的问题及对策[J]. 吕梁教育学院学报,2016,33(3):67-68.

[7] 李亚蕾. "互联网+"背景下大学英语翻译教学模式的创新路径[J]. 湖北函授大学学报,2018,31(8):163-164.

[8] 曹野. "互联网+"背景下医学英语评注式翻译教学模式的构建[J]. 中国医学教育技术,2018,32(1):66-69.

[9] 黄旦华. "互联网+"背景下大学英语翻译教学模式创新研究[J]. 教育理论与实践,2017,37(15):53-54.

[10] 杜开群. 关于高校英语语言学教学问题及对策分析[J]. 山东农业工程学院学报,2017,34(02):5-6.

[11] 郑雨. 高校英语教学中模糊语言学的语用意义分析[J]. 西部素质教育,2015,1(06):46.

[12] 朱先明,王彬. 体育新闻标题翻译中的译者主体性探析——以隐喻翻译为中心的考察[J]. 淮北师范大学学报(哲学社会科学版),2016,37(05):79-82.

[13] 杨飞. "ESP"理论视角下的大型国际赛事体育英语翻译现状分析[J]. 成都体育学院学报,2015,41(03):64-67.

[14] 李淑康,李克. 英语体育新闻语篇翻译的转喻现象探析[J]. 厦门理工学院学报,2011,19(04):94-98.

[15] 张红玲. 跨文化英语教学[M]. 上海:上海英语教育出版社,2007.

[16] 吴为善,严慧仙. 跨文化交际概论[M]. 北京:商务印书馆,2008.

[17] 姚丽,姚烨. 英汉文化差异下的英语教学探究[M]. 北京:中国书籍出版社,2014.

[18] 王佐良. 翻译:思考与试笔[M]. 北京:英语教学与研究出版社,1989.

[19] 高等学校英语专业教学指导委员会英语组. 高等学校英语专业英语教学大纲[M]. 上海:上海英语教育出版社,2000.

[20] 徐国庆. 职业教育项目课程设计指南[M]. 上海:华东师范大学出版社,2013:19-28.